读客文化

# 语言塑造人类思维

［美］维奥丽卡·玛丽安 著

徐恒迦 译

# THE POWER OF LANGUAGE:

HOW THE CODES WE USE TO THINK, SPEAK, AND LIVE TRANSFORM OUR MINDS

文汇出版社

**图书在版编目（CIP）数据**

语言塑造人类思维 / （美）维奥丽卡·玛丽安
(Viorica Marian) 著；徐恒迦译 . -- 上海 : 文汇出版
社 , 2023.10
　　ISBN 978-7-5496-4097-3

　　Ⅰ . ①语… Ⅱ . ①维… ②徐… Ⅲ . ①心理语言学 –
通俗读物 Ⅳ . ① H0–05

中国国家版本馆 CIP 数据核字 (2023) 第 142432 号

著作权合同登记号：09-2023-0739

# 语言塑造人类思维

编　　著 / ［美］维奥丽卡·玛丽安
译　　者 / 徐恒迦

责任编辑 / 邱奕霖
特约编辑 / 孙宇昕　　周汝琦
封面设计 / 于　欣

出版发行 / **文匯**出版社
　　　　　上海市威海路 755 号
　　　　　（邮政编码 200041 ）
经　　销 / 全国新华书店
印刷装订 / 河北中科印刷科技发展有限公司
版　　次 / 2023 年 10 月第 1 版
印　　次 / 2024 年 9 月第 2 次印刷
开　　本 / 880mm×1230mm　　1/32
字　　数 / 180 千字
印　　张 / 9.5

ISBN 978-7-5496-4097-3
定　　价 / 59.00 元

致艾梅、纳迪娅和格蕾斯，
以及世界各地的语言爱好者们

拥有另一种语言，就是拥有另一个灵魂。

——查理大帝

## 欢迎来到语言世界

　　传说在巴比伦古城中矗立着一座塔，它高耸入云，或许可以算作人类第一座摩天大楼。历史文献证实此塔确实存在，地点就在今伊拉克的某处。《圣经》中明确提到了该塔名唤"巴别塔"，是世界上多种语言的发祥地，而当初建造巴别塔是为了"抵达天堂"。《创世记》第11章第6节中提到，当上帝降临人间，见人类妄图造塔上天，上帝说："看哪，他们是一族之民，有一样的语言；如今既做起这事来，将来他们所图谋要做的事，就没什么能拦阻他们了。"为了阻止人们登上天堂，上帝将他们分散于世界各地，并替他们创造了不同的语言，这样他们便无法相互交流，造塔之事自然无法达成。

　　语言既作为通往天堂的成败之钥，肯定力量不凡。巴别塔的故事正说明了语言既有包容的属性，也有排他的特征，既能促进交流，也能阻碍沟通。其他宗教也认为，我们须依靠语言来抵达信仰中如上天般的至高之处。《古兰经》第14章第4节提到："我不派遣一个使者则已，但派遣的时候，总是以他的宗族的语言（降示经典），以便他为他们阐明正道。"这正揭示了只有掌握了语言的能力，宗教观念才能传播开的道理。

意大利作家、纳粹浩劫的幸存者普里莫·列维在其散文《宁静之星》（*A Tranquil Star*）中以优美动人的笔触描述了语言的局限，以及使用这些语言的我们探知世界的局限：

> 倘若谈论起群星，我们的语言便贫乏得可笑，如用羽毛犁地一般无力。我们的语言……依托我们而生，它受限于人类本身的空间和时间维度，而只配描述与我们这般大小、寿命相差无几的物体；它受限于我们的维度，它与人类相伴相生。

他指出，新词不断涌现，来描述与我们肉眼所见相比更为巨大或微小的事物，描述比火还要滚烫的温度，描述比亿还要大的数目——这些概念我们以前都闻所未闻。

那么，语言是依循我们对世界最新、最完善的理解发展的，抑或是我们对世界的理解依循语言的发展而发展的呢？让我们转向现代机器学习研究，来证实语言思维约束确实存在。斯坦福大学的神经科学家使用大量的行为数据，来研究大脑如何分配与认知任务（如阅读或决策）相关的工作时发现，电脑算法并没有像预想的那样根据人类语言的分类模式对神经活动模式进行聚类。那些看似截然不同的心理过程，其实边界也没有那么明显，就像我们曾试图在大脑中给不同的语言进行定位，最后却发现它们大部分交错重叠一样。相反，电脑算法所做的分类结果表明，仍有一些概念我们未尝厘清，语言就如同我们试图用羽毛耕犁的宇宙星空。甚至我们对"记忆"和"感知"等词语的心理概念也与机器学习中涌现的类似概念不尽相同。相反，记忆和感知的概念交叠在一起，表明我们对它们的界定和指代它们的词语，这两者之间的偏差仍然非常明显。尽管我们用标签来清晰区分了记忆和感知这两个概念，但其实不管是对于人类还是对于人工智能，这两个概念没有明显的区别。很可能我们还没有掌握合适的工具，对我们的心内与心外之物进行更为精准的研究和定位。在我们内心对外部世界的解读之外，还存在着某种精确分类（如人种、肤色、心理状态等）的这一念头，本身就可能是种被语言所固化的幻觉。无论世界上是否存在"真正"的分类，我们创造的语言和心理类别都确有其用，它们在感知、科学和见解等不同领域产生着影响。

　　心理语言学就是一门关注心理和语言之间关系的学科。30年前，当我第一次跨进研究生院时，我不仅想了解像我这样的多语者是如何处理语言的，还想更广泛地了解人类的认知和神经系统能力，以及它们的局限。这本书综合了在多语言主义的折射下，我和其他研究者对语言和思维的原创性研究。此书以我所学的第三外语英语写就，同时也用到了我的母语罗马尼亚语和第二外语俄语的知识，以及我的研究对象所用语言的知识，其中包括汉语（普通话、粤语）、美国手语、荷兰语、法语、德语、日语、韩语、波兰语、西班牙语、泰语、乌克兰语等很多其他语言。

在孩提时代，像很多学过第二语言的人一样，我常会在周遭语言中注意到某些古怪之处。为什么俄罗斯人把桥梁称为"他"，认为它们具有男性特征；德国人把桥梁称为"她"，认为桥具有女性特征；而英国人把桥梁称作"它"，没有任何性别？还有我的母语罗马尼亚语，则更具迷幻气质：如果只有一座桥，那么桥就是阳性的；如果有两座或两座以上的桥，那么它就是阴性的——这些都是如何影响人们的思想，如何影响人们对桥的认知，尤其是当他们会讲阴阳性不同的多种语言时？

最近的认知科学实验表明，讲德语的人更倾向于用美丽、优雅、脆弱、宁静、俏丽和纤细来理解与描述一座桥。而就是同一座桥，讲西班牙语的人描述起来用的却是长、庞大、危险、结实、坚固、高耸这些词语。个中缘由何在？桥在德语和西班牙语中有不同的阴阳性。你能猜出孰阴孰阳吗？是的，桥在德语中是阴性的，在西班牙语中则是阳性的。而在罗马尼亚语中阴阳性不定的桥，关于它的认知也就没有定论（在罗马尼亚语中，许多单数时为阳性的名词，复数则转为阴性）。无生命物体的阴阳性越是影响我们对该事物的看法，现代对性别代词和性别相关语言的争论便越是广泛，这正是因为性别代词特别容易产生隐含的联想，影响人们对自己和他人的认知。

语言标签至关重要。只消对指代的标签稍作改变，我们看待该对象的方式就立即不同了，比方说我们把奴隶（slaves）称作被奴役的人（enslaved people or people who were enslaved），则全然是不同的意象。

与多种语言打交道使我们具备了至关重要的能力，人类正需要这些能力来医治社会日益显著的不和之症，也需要这些能力来解决迫在眉睫的全球问题。如果你无须转译就能直接理解另一种语言及构筑其上的世界观，能欣赏它们的效用与美感，那么你往往就不那么容易偏执盲从，不那么容易把非你族类全都看作妖魔鬼怪。

当他人试图通过语言操控你时，理解语言的力量也会使你保持清醒的头脑，无论这些人是政客、广告商、律师、同事，还是家庭成员。人们大把撒钱，通过操纵语言来让你买这买那，让你投票给某个特定的人，或诱导你做出特定的判决。但倘若你学过多种语言，那么你便会对这些语汇更为敏感，因为你已经掌握了语言微妙变化的一手经验。

忽视语言之间的差异，可能会带来灾难性的后果。正因为有人没有将测量单位从英制转换为公制，美国航天局的火星气候探测器被烧成碎片，数以亿计的美元、经年累月的工作，和已经完成数月的太空旅行都毁于一旦。这还不是最糟的，我们可以在美国国家安全局的非机密文件中，发现更为悲惨的误译，或至少是误读。

在1945年第二次世界大战接近尾声时，盟国领导人在德国会面，中、英、美、苏向日本首相铃木贯太郎发出投降条件声明，敦促日本无条件投降。声明还表示，任何否定的答复都会引发"迅速而彻底的毁灭"。当记者询问铃木首相的反应时，他以惯常的政治套路回答说，他拒绝置评。他使用的日语单词是"mokusatsu"，其词源是"沉默"一词，可以有多种翻译，既可以译作"保持明智的不作为"，或者"不予理睬"，也可以译作"以无声的轻蔑对待"。这是一次划时代的外交失败，西方世界将错误的翻译解读为一种敌对反应。美国国家安全局后来写道：

> 这个词还有着与铃木意图相去甚远的其他含义。不幸的是，国际新闻机构就是采用了这种解读，认为在日本政府看来，盟国的最后通牒是"不值得评论"的。美国官员对铃木声明的语气感到极为愤怒，于是决定采取严厉措施。不到十天，投掷原子弹的决策被下达，原子弹被投下，广岛被夷为平地。

另外还有个没那么沉重的例子。在我还是卡特总统家乡佐治亚州埃默里大学的研究生时，卡特总统每年都会和国际学生见面。有一次，卡特总统以其标志性的和蔼和幽默感分享了一个他去日本演讲的故事。当时他以一个笑话开场，翻译把笑话从英语翻译成日语后，在场的人哄堂大笑。那天晚些时候，卡特问翻译为什么这个笑话会引起如此热烈的反响。连哄带劝之下，翻译终于承认他其实并不知道这个笑话如何翻译是好，于是便说："卡特总统刚讲了个笑话，大家配合着笑一下。"

如果我也可以用"大家配合着笑一下"来结束我的笑话，那该多好。学习另一种语言，不会让你突然变得妙趣横生、才华横溢或是性感撩人，你也不会因此重新生出满头秀发或成为亿万富翁，不过事实上多语能力和收入之间还是存在关联的。

世界各地的实验室都做过关于双语学习的研究，以下是其中一些研究发现。

- 对老年人来说，使用多种语言会将阿尔茨海默病和其他类型的痴呆症延迟4年至6年，并能够增加认知储备。
- 有双语经验的孩子能够更早地理解物体和物体的名称并非一一对应——牛奶可以称为milk、leche或moloko，你甚至可以自己给它起个名字。理解现实和用来表示现实的符号系统并非一体且不能等同这一点，能够促成元语言技能的发展，为更高级的元认知过程和更高阶的推理奠定基础。

- 无论在生命的何种阶段，多语能力都可以使人们更聚焦于重要任务，而忽略不重要的任务，从而提升执行职能任务的绩效。

- 掌握多种语言使人们能够建立他人不曾发现的事物之间的关联，从而在创造性和发散性思维任务方面表现更好。

- 使用非母语可以使人们做出更符合逻辑、更具社会效益的决策。

如今全球网络社区迅速膨胀，旅行也变得大为便利，这意味着在我们的生活中总有那么一刻，会和讲着不同语言的人打上交道。我们可能与他们一起上学，一起共事，可能爱上他们，成为他们的朋友，将他们迎进我们的家。

所有人都使用语言，但很少有人深谙其妙。这就像拥有一件宝物，却全然不知它价值连城。有时候我感觉自己像《巡回鉴宝秀》（*Antiques Roadshow*）的评估师，告诉你你家阁楼上那积满灰尘的老家什，竟是无价之宝。

我成了一名心理语言学家，因为我热爱语言，并且想要弄清楚语言和思维相互作用的来龙去脉。我希望本书能够帮助你知悉你已然拥有的强大能力，了解语言如何影响自己思维的运作，并且学会用新的方法来释放你的潜能。

# 目　录

# 第二部分  社  会

第一部分

# 自　我

我语言的界限，就是我世界的界限。

——路德维希·维特根斯坦

# 第一章

## 不可思议的思维切换

我们生活在一个代码世界。有些严谨，譬如软件；有些流畅，譬如母语；有些抽象莫测，譬如数学；有些偏执顽固；有些诗意盎然。它们都是语言，是我们思想的代码。或许你可能没有意识到这一点，但你的大脑已经在使用多种代码——数学、音乐、口语、手语。人类的大脑能够容纳多种交流代码，当我们学习这些代码时，通向新经验和新知识的大门就会打开。当我们以不同的方式感知世界时，我们的大脑便会发生相应的变化。

许多人持续错过学习汉语、西班牙语或印地语等新语言带来的好处，可能只是因为学习多种语言的价值要么被误解，要么被低估，甚至被赋予一些政治意味。但是，了解多种语言可以带来新的思维方式，这是无法通过其他渠道获得的。就像掌握数学语言能使人类上天入地或让机器像人一样思考，学习音乐符号让我们得以欣赏千里之外或百年之前的乐音组合，学习另一门语言，会为你开启一种对现实世界新的编码方式和新的思维方式。

如果你曾经玩过拼字游戏（Boggle），那么你很有可能会因为另一个玩家在你写单词的时候旋转拼字板而气恼，也可能你自己就曾翻转拼字板而让其他玩家生气大吼，这一切都是因为在某个时刻你的大脑发现：网格的旋转改变了视角，换个视角看相同的字母能让你提取更多单词，从而提高你的得分。

拼字游戏

就如同旋转拼字板一样，我们掌握的每一种新语言都会让我们以不同的视角提取和编译信息，改变我们的思维和感受，转换我们的感知和记忆，变更我们所做的决定，重新生成我们的想法和见解，从而影响我们的行动。从新的方向看拼字板会激活你大脑中一组不同的神经元，不同的神经网络会对"我看到了什么单词"这个问题产生新的答案。同样，在日常生活中，大脑会根据输入信息的语言组织方式提供不同的答案。

一个简单的词语可以将大量信息编码成小的可通信单元，优化存储和学习，从而来传达一个复杂的概念，如重力、基因组或爱情。语言作为符号系统的概念，是语言和思维科学的基石。

但单一的符号系统只能让你走这么远。获得和使用多种符号系统不仅能改变我们的思维方式，也能改变大脑本身的结构。这种效果并不只是简单的叠加，而是脱胎换骨的。

世界上大多数人口都会两种或两种以上的语言，当你得知这一点可能会感到惊讶。当今世界有超过7000种语言。最常见的语言是英语和汉语，这两种语言都有超过10亿人使用；其次是印地语和西班牙语，各有超过5亿人；最后是法语、阿拉伯语、孟加拉语、俄语和葡萄牙语。对人类来说，会说不止一种语言是常态，而不是例外。一起来看一下：印尼语是印度尼西亚说得最多的语言，超过94%的人口使用印尼语，但其实真正母语是印尼语的只占20%。相反，印尼人最常见的母语是爪哇语，但说爪哇语的人口却只占总人口的30%。在欧洲、亚洲、非洲和南美洲的许多国家，儿童从出生起就接触到两种或两种以上的语言，然后在学校或成年后又会学习其他语言。卢森堡、挪威和爱沙尼亚等国家的人90%以上具备双语或多语能力。大约三分之二的欧洲人会说两种语言（据欧盟委员会估计，四分之一的人会说三种或三种以上的语言），一半以上的加拿大人会两种语言。对那些受过高等教育的人来说，这一比例甚至更高——据报道，欧盟80%以上受过高等教育的人会说两种或两种以上的语言。

在许多国家，多种官方语言是一种国策。例如，加拿大有两种官方语言，比利时有3种，南非有9种。在印度，宪法承认的官方语言超过20种，多语的使用完全是一种默认设置。全球范围内有大约66%的儿童在接受双语教育，并且在许多国家，外语是学校课程的一部分。

即使在传统上以单语为标准的美国，懂得一种以上语言的美国人也在迅速增长。在美国有超过五分之一的人在家里说英语之外的语言（2020年的统计数字为22%）——这在过去40年中翻了一番，而且还在继续上升，而在大城市这一比例估计接近50%。

然而，我们对多语思维的了解其实才刚刚开始，因为我们的语言学研究，就像在玩不曾翻转拼字板的拼字游戏。以往的大多数研究都集中在单语人群上，现今的研究仍是如此，这意味着我们对大脑和人类能力的理解，都是从单语者的角度出发的，因而是受限的，是不完整的，甚至在许多情况下是错误的。

如果在研究人类思维时只关注单语者，就好比研究心脏病

在家说英语之外语言的家庭在美国各州所占比例

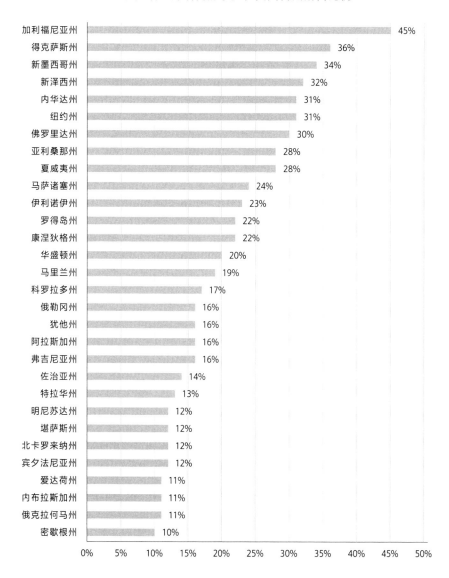

（续图）

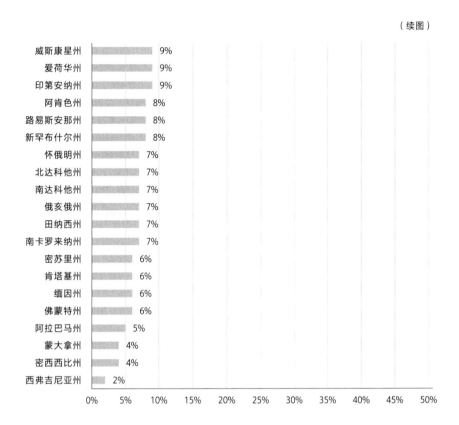

和糖尿病时只选择了白种人中的男性作为研究对象，却要把研究结果应用到所有人身上。我们现在知道，心脏病的症状男女各异，糖的代谢在南北美原住民中也与其他人不同。说一种以上语言或方言的人与只说一种语言的人相比，有着不同的语言结构及认知和神经结构。在很长时期的语言学研究中，这些差异被视为噪声而非信号，被视为问题而非人类本性固有的复杂系统。

在研究中忽略语言的多样性会有什么危险？历史上有个例子，是美国1924年颁布的《移民法》，这份由卡尔文·柯立芝总统签署的法案，规定了美国接受移民的来源国和限制移民的来源国。这个旨在"改善"美国基因库的歧视性法案，被认为建立在对不同种族和族裔群体的智力测量研究基础之上，而我们现在知道了这种心理学测量漏洞百出——这种"优生学研究"并没有将语言和文化差异纳入考量，对测试对象并没有使用他们惯常使用的语言，收集来的数据自然成问题。想象一下，当一个农民刚下船在埃利斯岛[1]上还没站稳当时，突然被要求用一种不会说的语言进行"智力"测试。与使用和英语不相关的语言的人相比，使用英语或近似语言，或同属日耳曼语系语言的人，在这些测试中会表现得更为优异，从而更占优势，这有什么可奇怪的？

尽管1924年的《移民法》最终被废除，但充满偏见的移民政策"余威"尚存。对多语背景者缺乏了解，仍旧导致对他们能力的轻视与误解，对个人机会的限制，对移民乃至外国语言的负面态度，以及带有偏见的教育和社会政策。在科学研究中将多语者囊括在内，有助于准确解答关于人类状况的诸多问题。

---

1　埃利斯岛（Ellis Island），纽约市曼哈顿区西南上纽约湾的一个岛。它是1892年至1943年美国的主要移民检查站，于1954年关闭，现为博物馆。——译者注（本书注释如无特别说明，均为译者注）

直到最近，我们才有了研究多语者大脑的工具。科技的进步为我们提供了新的方法，如功能性磁共振成像（fMRI），能测量人类大脑中的血氧反应；脑电图（EEG），能呈现人类大脑中的生物电活动；眼动追踪仪，能够记录瞳孔运动和扩张；还有机器学习，以及庞大的国际在线数据库。

我实验所使用的眼动追踪技术显示，在日常生活中，我们的所见、所思、所记，都会受到我们会的语言及此刻正在说的语言的影响。

在这些实验中，双语者坐在桌子旁，被要求移动各种物体，与此同时他们的眼动情况被记录下来。巧妙之处在于，实验选取的一些物体在不同的语言中有着近似的发音，比如英语单词marker（马克笔）和俄语单词marka（邮票），英语单词glove（手套）和俄语单词glaz（眼睛），英语单词shark（鲨鱼）和俄语单词sharik（气球）。在做博士学位论文的研究课题时，我常常在商店里搜寻这些实验物体；现在，类似的实验通过个人网络摄像头就可以在线完成。眼球运动分析表明，当双语者听到一种语言的单词（如英语中的马克笔、手套或鲨鱼）时，他们的目光会追踪在另一种语言中有着近似发音的物体（如俄语中的邮票、眼睛和气球）。

与英语单语者相比，俄英双语者和俄语单语者都会注视在英语中发音近似的物体，如marker（马克笔）和marbles（弹珠），spear（矛）和speaker（说话者），但只有俄英双语者会关注在这两种语言中发音近似的物体，如marker（马克笔）和marka（邮票），或spear（矛）和spichki（火柴），而英语单语者不会多看它们一眼。用完全相同的实验刺激物测试双语者和单语者之间的差异表明，双语者之所以有如此的眼球轨迹运动，是由于他们双语思维中另一种语言被平行激活了。

另一项简单而巧妙的实验叫作斯特罗普任务，该任务要求人们说出与打印颜色相符的墨色，比如用黑墨或绿墨打印的"黑"和"绿"。当被要求说出油墨的颜色而忽略单词内容时，人们通常会在单词为"黑"时比单词为"绿"时更快地说墨色是黑色。多语者通常在斯特罗普任务中表现得更好。他们关注油墨颜色（相关信息）而忽略单词内容（无关信息）的能力，是多语者不断关注一种语言并控制与其他所知语言竞争的副产品。随着时间的推移，控制两种语言之间的竞争会使大脑更好地聚焦于相关参数，而忽略不相关的干扰信息，这是执行能力的展现。

多语的影响不仅限于执行功能，还延伸到记忆、情感、认知以及其他人类体验的方方面面。我们在一项研究中发现，当汉英双语者被问及一位身残志坚的女性是何许人也时，他们更可能在讲英语时说是海伦·凯勒，而在讲汉语时说是张海迪。这些双语者知道两个答案，但两个答案出现在脑海中的速度和可能性会随着那刻所说语言的不同而改变。因为语言和文化紧密交织在一起，语言作为文化的载体发挥作用，而同时语言的改变也会改变文化框架。

即使是关乎我们生活的个人记忆——童年、人际关系、个人经历——也会因多种语言的介入而有所不同。人们在回忆当时使用何种语言时，就更有可能回忆起那些使用该语言的场景和事件。在另一项研究中，双语者在说母语时更容易记起童年（移民美国之前）发生的事件，而在说英语时更容易记起后期（移民美国之后）发生的事情。

在我的一个研讨会上，一个学生给我发了一条消息，讲了把她自己当实验对象的事情："我想在自己身上试试，所以在视频通话时，我让我妈在一开始用粤语问我一个关于往事的问题，然后在结束时再用英语问一遍。（这显然不是个很严谨的科学实验，但它仍然很有趣！）她问的问题是：'关于操场，你最早的记忆是什么？'当她用粤语问我时，我的第一反应是和我父母在旧公寓附近的操场上玩；但当她用英语问我时，我首先想到的是在幼儿园的操场上玩'公主'游戏。虽然一开始我觉得很奇怪，对同一问题的最初反应竟是两种不同的情景，但我越想越有道理。我小时候和父母在操场上玩耍时，我用的是粤语，而我的幼儿园则是英语授课的。"

记忆的可及性因语言而异，即"语言依赖性记忆"现象，这对在诉讼案件中询问双语证人，以及为双语客户提取事件的创伤记忆从而提供心理治疗都具有重要意义。

相反，浮现在我们面前的记忆又塑造了我们对自己的认知，以及我们所使用的参照体系。语言甚至可以影响一个人对爱和恨的体验。"我爱你"这句话，用母语和非母语说出的感觉是不同的。用母语更有情感冲击力。这也是一些多语者在感觉需要情感距离时更喜欢使用非母语的原因。使用另一种语言并不能让你变得像《星际迷航》中的瓦肯星人那样缺失情感，但它可以将人们从与母语的深度联系中做一个情感的剥离。正如纳尔逊·曼德拉（Nelson Mandela）的一句名言所说："如果你用一个人能理解的语言与他交谈，那这交谈会进入他的大脑。如果你用他自己的语言与他交谈，那这交谈就会走进他的心灵。"

虽然这样的论断看似有点极端，但多语者在使用不同的语言时，确实会对人、物、事产生完全不同的感觉。对母语和第二语言来说，对脏话或禁忌语产生紧张情绪的可能性会发生变化。实验中多语者不仅报告了不同的心理感受，他们的身体也产生了不同的生理反应（可以通过测量生理兴奋的皮肤电流反应，或测量大脑活动的事件相关电位[1]和功能性磁共振成像），而他们的大脑也对不同语言做出了不同的情感驱动决策。积极／消极情绪与语言之间的确切关系因人而异。对某些人来说，第二语言具有更积极的意味，因为它与自由、机会、经济福祉和摆脱迫害有关，而母语则与贫困、迫害和艰难

---

1 事件相关电位（event-related potential，ERP）是指在捕捉特定的感觉、认知、运动或其他刺激后的脑活动时发生的脑电波反应。它反映了认知过程中大脑的神经电生理变化，也被称为认知电位。

困苦联系在一起。对其他人来说恰恰相反，第二语言与移民后的挑战、歧视和缺乏亲密关系有关，而母语则与家人、朋友和父母的爱有关。也有许多人介于两者之间，每种语言都是积极和消极体验的混合体。

已有大量外语效应（Foreign Language Effect）框架下的研究表明，在很多领域，人们使用非母语往往能做出更合乎逻辑和理性的决定，不管对于道德判断还是财务分配都屡试不爽。例如，研究伦理道德的经典电车困境的某个版本是：一辆电车正朝着五个工人飞驰而来，但他们毫不知情。你站在火车轨道上方的桥上，旁边是一个背着沉重背包的大个子。如果你把这个人从桥上推到下面的轨道上，他会一命呜呼，但电车也会停下来，救了那五个工人。那么，可以杀一人而救五命吗？

在用母语作答时，20%的双语者表示，把一个人推下桥去救五条人命是可以的。而在用外语作答时，有33%的双语者持相同的观点。仅仅是将语言切换到外语，采取实用主义决策的人就增加了。

在另一个关于作弊的实验中，双语者被要求私下掷色子然后报告点数（只有自己才知道结果），奖励与得到的点数成正比（点数越高，奖励越丰厚）。如果每个人都是诚实的，那么概率值将会均匀分布在可能出现的点数上（色子每个面的点数获得的概率都是六分之一）。如果有人弄虚作假，那就会和概率对不上。实验发现，与用非母语提问时相比，用母语提问时人们更倾向于报告他们掷了一个高点数（5或6），而不是低点数（1或2）。事实证明，语言会影响我们作弊的可能性、我们的功利主义倾向及我们的决策。我们甚至可以说，诚实在第二语言中更为理直气壮。

从本质上讲，语言对人的影响潜移默化，让自己不同的特质浮出水面，"开启"不同的身份。虽然不至于像"化身博士"[1]那样分裂成双重人格，一种不同的语言确实可以释放你在母语中处于休眠状态的"隐藏"身份。

除了改变你的身份、记忆和人际关系，学习另一种语言也会改变你认知宇宙万物的方式。英语母语者通常会认为彩虹有七色。但其实彩虹是由色谱中无数种颜色组成的，每种颜色无缝衔接，并无边界可言。我们掌握的关于颜色的词语影响了我们看待和思考彩虹的方式，而在其他语言背景下，表达颜色的词不同，看待和谈论彩虹的方式就会有所差异。

我们通过语词来过滤世界，设置感知的分界线，比如对彩虹颜色乃至宇宙万物更广泛的感知。这种人为的分界不仅限于视觉感知，还适用于嗅觉、味觉、触觉、时间感，以及无数其他的人类体验。比如，红酒或威士忌的品鉴专家拥有更丰富的语汇

---

1 《化身博士》（*Jekyll and Hyde*）是英国作家史蒂文森的一部脍炙人口的经典小说。书中的主角是善良的医生Jekyll，他将自己当作实验对象，结果却导致人格分裂，到夜晚时会转为邪恶Hyde的双重人格，最后Jekyll以自尽来停止Hyde的作恶。Jekyll和Hyde也成为善恶双重人格的代名词。

来描述酒的醇度、余味、口感与香气，这反而提高了他们识别和记住这些非专家无法体察的微妙区别的能力。同样，厨师或香水专家也有用来描述口感和气味的标签，使他们得以觉察、分辨、配置并记住细微的变化。这些可以调用的标签，不管是多语还是单语，都会影响我们看待周遭世界的方式。无论语言对认知的影响如何，有证据表明，至少对某些事物来说，我们使用的标签不同，感知和记忆就会有所不同。学习另一种语言使我们能够在不受单一语言限制的情况下应对我们的周遭环境。

我们对现实的感知不仅依赖于我们脑海里的词汇，还依赖于我们大脑的激活模式，而这些模式与个人经历息息相关。我们对现实的感知，本质上是大脑活动。因为我们的感知和思维受到神经激活模式的限制，而且不同的语言激活不同的神经网络，所以多语者能够以令人惊叹的方式跨越这些心理边界。我们的所见所闻会受那些最有可能激发的神经元的影响，而哪些神经元最有可能被激发，取决于先前哪些神经元被最近的经历激活了。当双语者转换语言时，他们的神经激活网络也会随之改变，他们对现实的感知和解读也会相应变化，使得他们能够跨越多个神经共激活之境（planes[1]），即跨越多个存在之境（planes of existence）。

---

1　planes 是指某种存在的状态、层次或界域。该词常用于宗教、神秘学与宇宙学。此处译为"境"。

# 第二章

## 大脑：并行处理的超级有机体

　　我成长于冷战期间铁幕的另一边，我们也有自己的间谍小说。类似于西方的詹姆斯·邦德，苏联的间谍英雄是马克斯·奥托·冯·斯蒂尔利茨（Max Otto von Stierlitz），他是无数书籍、电影、电视剧、搞笑故事和滑稽模仿秀的主角。你很难找到一个未曾听闻斯蒂尔利茨的苏联人或俄罗斯人。电影《007》更侧重打斗，另外加入了一些"邦女郎"和流行文化元素，而斯蒂尔利茨的故事则更侧重于在神秘莫测的情报世界中斗智斗勇。然而，这两个故事及大多数间谍电影和小说的故事弧的一个共同点是，双方都试图找出潜伏的卧底。间谍电影和推理小说的情节，以及真实世界中情报机构的活动，往往围绕着找出谁知道什么信息展开。

　　虽然听起来可能有些不可思议，但心理语言学实验，比如研究双语者的实验，是可以用来帮助抓捕间谍并为谍报活动解决问题的。这些实验中有不少利用眼球运动和大脑成像来探究大脑如何处理信息。

眼动追踪，顾名思义，就是记录某人的眼球运动，可以通过远程遥控或使用安装在头带、帽子或眼镜上的小型摄像机进行。眼球的运动发生在须臾之间，其中一些是有控制的并根据自我意愿执行的（比如将你的视线引向你想看的东西），但另一些是非自愿和自动的，是在毫无意识的情况下发生。通过记录这些无意识的眼球运动，人们可以洞察一个人的思想。

心理语言学研究表明，一个人的所知（比如他们所说的语言）会改变其心理过程（与眼球运动挂钩）。反过来思考这句

其中一个研究是要求被试者点击计算机显示屏上的扬声器（speaker）。显示屏上还有火柴的图像；而俄语中火柴的单词是speachkey，与扬声器接近。当实验者用英语要求被试者"点击扬声器"时，俄英双语者更频繁地观看火柴的图案，而英语单语者则并不如此。

话中的信息流，你就会发现，如果你读懂一个人的眼波流转，你就可以通过观察那些不由自主地吸引他注意力的东西，来挖掘他所知道的信息。同样的技巧也可以用来判断某人是否知晓某事，却对你未吐真言。

理论上，这意味着一名俄罗斯间谍的跳视眼球运动（saccadic eye movement）或大脑活动可能被巧妙地记录下来，因为跳视眼球运动是不由自主的，大脑中突触的激发也是如此。我们只需观测某人的眼球运动就可以知道他说什么语言，知道何种信息。眼动追踪非常适合那些能够引起注意的观测环境。而通过观察人们关注的内容，就可以对他们的心理过程做出推断。（正如本书后面会提到的脑成像技术正朝着揭示人们更多所思所想信息的方向稳步发展。）

很长一段时间以来，科学界认为双语大脑在两种语言之间来回切换，在不使用某种语言的时候将它关闭，而将另一种语言开启，如此交替往复。一个意外的发现是，当多语者听到某种语言的单词时，他们会对另一种语言中发音相似的物体进行眼球追踪——这真让我大开"眼"界（这里请允许我双关一下）。很明显，即使没有在明面上使用，另一种语言也会持续活跃，在双语大脑中处于一个自动运行状态。对于思维，对于语言，这究竟意味着什么？我对这个问题进行了几十年的探索。

保持所有语言的协同激活和并行处理这一点太令人惊讶了，因为乍一看，这样的系统似乎并不高效。为什么不关掉一个来减少工作量？在单种语言中搜索某个单词的意思不是更有效吗？答案是否定的。

这是因为，如果你的处理方式是听到单词就将其和意义相匹配，一次匹配一个单词，这样的串行处理系统（serial processing system）效率根本就不高。

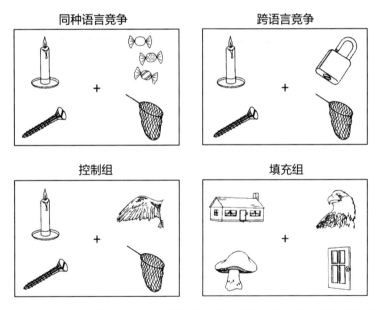

西班牙语—英语双语者视觉搜索实验中的显示屏。语言竞争实验组（上排两组）既测试同种语言中的竞争（如candle／蜡烛—candy／糖果），也测试不同语言间的竞争（如candle／蜡烛—candado／锁）。实验还设计了控制组与填充组，对照试次的物品不存在发音重叠（candle／蜡烛—wing／翅膀），用来和实验试次相比较，而填充试次的作用则是向被试者掩饰试验设计意图。

当有人让你从各种图案中选出扬声器，如果你逐一匹配你环境中的每一个图案，直到找到正确的扬声器——这是扬声器吗？不，这是一个杯子。这是扬声器吗？不，这是一部电话。这是扬声器吗？不，这是一支铅笔——那要找到猴年马月了。相反，当这个单词一钻进你的耳朵，你的大脑会同时激活脑海中所有以s开头的可能物件，比如soap（肥皂），spray（喷雾），spear（矛）……然后，随着这个单词越来越多的音被识别出来，听觉输入与来自你环境的视觉输入整合在一起，从而最终而唯一的答案浮出水面——一击而中。

在多语系统中，这种平行激活级联[1]存在于他们所知道的所有语言中，因此除了英语单词soap、spray、spear等，传入的声音还同时将其他语言的词汇在听觉输入图上激活了，如在本例中激活的是俄语单词slon（大象）、speert（酒）、speachkey（火柴）等，从而产生了更多的协同激活词汇。这使得大脑不论语种，对声音与意义所有可能的映射都保持了开放性，这样即使在不可预测的情况下，大脑也随时准备好接受任何语言输入，并快速理解和响应，这要优于两个语言之间来回切换。

自首次对俄英双语者进行实验以来，世界各地都进行了许多类似的眼动追踪研究，并印证了语言理解过程中平行激活

---

1　级联（cascade）在计算机科学里指多个对象之间的映射关系。

实验的结果。这些研究涵盖了多种双语配对，包括西班牙语和英语、日语和英语、荷兰语和英语、德语和荷兰语、德语和英语、法语和德语、印地语和英语等。

并行处理，指的是大脑同时执行多个任务，并同时处理多个刺激和输入源的能力。大脑不喜欢重复劳动，相反，它知道如何变通处理信息的方式。针对多语系统，它扩展了并行处理能力，进而改变了控制跨语言并行激活所需的高阶认知处理过程。本质上，大脑是一个具有并行处理功能的超级有机体，对于多语者来说，尤其如此。

除了这种"显性"的协同激活，即当单词在不同语言中听起来相似时，两种语言都会被激活，我们还发现了一些证据证明，当单词在不同语言中听起来不相似而其翻译却相似时，也存在协同激活的现象。这种"隐性协同激活"的证据来自一项针对西班牙语—英语双语者的研究，当听到用英语表达的单词比如"鸭子"时，双语者必须在一组四个项目中点击听到的对象。鸭子的西班牙语为"pato"，与展示中另一个物件"铲子"的西班牙语"pala"在发音上有所重叠。当西班牙语—英语双语者被要求点击一张鸭子图片时，相比于屏幕上的其他图片，他们更有可能注视铲子图片。

我们听到的单词会在脑海中激活其他发音相似的单词，我们看到的物体在不同语言中也可能找到发音相似或字形相似的单词，而这些单词在其他语言中的翻译，也会在双语者或多语者身上激活。双语者可以同时使用两种语言，甚至根本无须这两种语言在输入时有所交叠。

除了单词之外，有证据表明句法和语法也存在并行激活的现象。使用眼动追踪评估句法协同激活的一种方法：向被试者呈现因两种语言之间句法不同而引起歧义的句子。例如问句"Which cow is the goat pushing？"（山羊在推哪头奶牛？），根据英语句法规则，山羊作为推的施动者是很明确的，但如果激活德语句法，可能会得出奶牛才是施动者的结论。当德语和英语的句法不同导致解释冲突时，与不存在冲突时相比，德英双语者更经常看向与非目的语句法一致的场景图片。

多语系统中的激活传播就如同一种多维涟漪效应。当你把一块鹅卵石扔到水中时，它会向四面八方泛起涟漪，随着涟漪传得越来越远，水波纹会变小，但水波形成的圆会变大。同样，当你听到或读到一个单词时，与该单词相关的其他单词也会被激活；它们与初始单词的联系越紧密，激活越强烈，激活传播得就越远，受影响的单词也就越多。

例如，英语单词"pot"，发音为/pot/，可以指烹饪容器、纸牌游戏中的全部赌注、一种药草、种植盆栽的动作等。当讲英语的人读到"pot"这个词时，这个词的所有含义一定程度上都会在他们的潜意识中被激活，激活的强度会因人们最近的经历而有所不同（比如他们做饭或玩扑克的频率）。

俄英双语者在阅读英语单词"pot"时，不仅激活了英语单词“pot”的所有含义，而且还激活了英语单词“rot”的所有含义。因为p在俄语中发音为r，于是p-o-t这三个字母映射到了俄语中r-o-t的发音上。在俄语中，单词“rot”的意思是“嘴”，因此，与单词“嘴”相关的所有含义都被激活（如名词“鼻子”和“牙齿”，动词“靠近”和“亲吻”，形容词“大的”和“噘嘴的”，等等）。而因为“pot”（这次是p而不是r）在俄语中的意思是“汗”，所以“汗”这个词的所有关联也被激活了。对于一种语言的词汇来说，无论是听觉输入还是视觉输入，都会将母语和第二语言的口语和书面形式统统激活。即使这两种语言在字母—声音的映射上有所不同，也依然

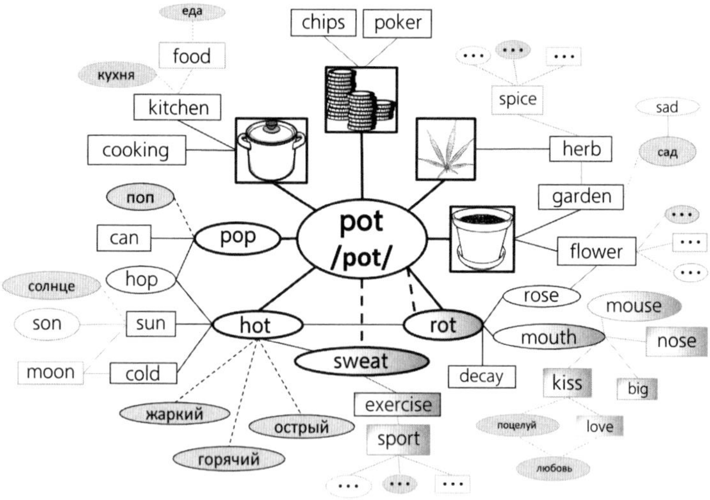


单词“pot”激活的一系列单词

如此。

　　这看起来已经激活了一大片，但并没有结束，不仅视觉和听觉输入（比如看到或听到单词）激活了两种语言中的词义，而且这两种语言对这些词义的所有翻译也都被激活了。因为字母p-o-t从视觉角度激活了俄语单词pot（汗），而发音p-o-t从听觉角度激活了俄语单词rot（嘴），所以英语单词mouth和sweat也被激活了，而与英语单词mouth和sweat相关的许多其他词语的俄语翻译也被激活了。

　　进一步地，在两种语言中与这些词语及其翻译词义相关或词形相似的词语也会在大脑中激活。这种心理表征的激活以涟漪效应传播到与原来的英语单词"pot"所有词义相关〔如kitchen（厨房）、poker（扑克）、lighter（打火机）、gardening（园艺）、nose（鼻子）〕或词形相似〔如pop（流行）、hot（热）、pit（坑）〕的单词上，也传播到那些与俄语单词"rot"词义相关〔如kiss（亲吻）、big（大）、teeth（牙齿）〕或词形相似〔如rose（玫瑰）、role（角色）、rope（绳索）〕的单词上，还有那些与俄语单词"pot"词义相关〔如exercise（锻炼）、heart（心脏）、anxiety（焦虑）〕或词形相似〔如post（岗位）、pole（杆）〕的单词上。

　　这仅是庞大思维过程的一个小小切片，展现了双语者跨语言并行协同激活的过程。如果一个三字母小词能够铺展开如此多的激活，那么在包含成千上万个单词的多语言系统中，能够铺展开的激活真是难以想象。

　　每学习一种新语言，还会导致指数级的增长。作为英语—俄语—罗马尼亚语三语者，对我来说，"pot"这个词还激活了它的罗马尼亚语含义（能够做某事，类似于英语中的can），以及由此产生的词义和词形上的所有罗马尼亚语关联词，再加上它们的英语翻译和俄语翻译，以及三种语言中的所有重叠的词语和关联的词语。所有这一切都在对话展开的同时有序进行，就在刹那之间，而与此同时大脑不断处理着信息。

　　两种语言能在多大程度上被激活，取决于一系列因素——每种语言的结构和形式，语言习得的年龄及先后顺序，每种语言的熟练程度和使用经验，最近使用的情况，以及两种语言之间的相似之处。最近没有使用过的语言更少被激活，这就是为什么当一个人很久没有使用过某种语言却来到此语言的国度时，他可能需要几个小时或几天才能恢复流利，然后他们才觉得一切都"回来了"。同样，相似的语言更容易相互干扰，比如你说法语的时候可能意大利语就不自觉地说出来了，但说韩语就很少会这样。随着近期使用情况、语言相似性及熟练程度的改变，每种语言的激活阈值也随之改变。

　　眼动追踪研究已经在很多场景中得到应用，无论是消费者行为（我们在商店里注视什么商品），还是军事（在复杂的视野中搜索敌人），或是艺术（怎样的作品吸引我们的眼球）。它显示了你所知的语言影响着你看世界的真实方式，甚至影响

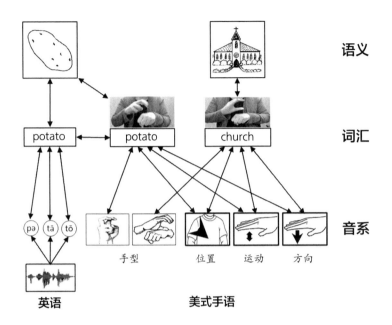

以上美式手语实验图示显示了英语发音激活了单词（potato）及其含义，随后激活了其在非目的语中的相应翻译（potato的手语符号），并扩展到美式手语中其他手势相似的词语（美式手语中表示church的手势和表示potato的手势相似）。

你的眼球运动机制。理解人类的眼球运动和注意力可能会被图像的不同部分所吸引这一点，可能会改变你处理视觉相关任务时的决策，无论你是一名以绘画为生的艺术家，还是一名以商业为生的广告人。

我们甚至可以在不同的感知模式（modalities）中发现协同激活，如以美式手语（ASL）为代表的手语和以英语为代表的口语。这些与符号语言相关的实验尤其值得注意，因为在美式手语—英语双语者中，不仅语言输入没有重叠（不像marker-marka这种测量近似发音的实验），甚至连感知模式（一个用听觉，一个用视觉）都没有重叠，这说明了大脑强大的语言协同激活能力。我们在实验中发现，美式手语—英语这种双感知模式的双语者会对手语中手势成分重叠的词汇进行眼动，而英语单语者则不会。

对于英语单语来说，potato（土豆）和church（教堂）这两个词听起来毫无相似之处，但在美式手语中，potato和church的手语符号在位置、运动和方向上（四个特征性成分中的三个）比较相似，只是在手型上有所不同。当美式手语—英语双语者听到"土豆"这个词时，他们对教堂图片的眼动比对展示中其他物体图片的眼动更为强烈，也比单语者更强烈。

最令人震惊的是，即使在不使用任何词汇的情况下，语言相异者的眼动模式也是不同的！有一个简单的视觉搜索实验，是人们必须在几个物体中找出之前见过的物体，在这个实验里他们的眼动情况因所知语言而异。

例如，当搜寻"苍蝇"（fly）时，讲英语的人也会去看旗帜（flag）的图片。而讲西班牙语的人在搜寻"苍蝇"（fly）时，看的却是风车的图片，因为苍蝇和风车的西班牙语mosca和molino有所重叠。值得注意的是，西班牙语—英语双语者在搜寻"苍蝇"（fly）时，会同时去看国旗和风车。换句话说，对于双语者而言，即使没有使用语言标签，一幅图像也会激活两种语言。在后续研究中，我们发现即使在任务中给被试者增加一些心理负担，比如使被试者无法对目标物体的名字默默标注或进行默诵，情况也依然如此。

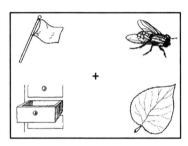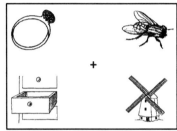

当搜寻"苍蝇"（fly）时，在没有语言输入的情况下，英语单语者可能会对国旗做眼动，西班牙语单语者很可能会对风车做眼动（因为苍蝇和风车的西班牙语mosca和molino有重叠成分），而西班牙语—英语双语者很可能对苍蝇或风车或两者都做眼动。

通过研究在语言缺席情况下的眼动变化，我们了解到，多语能力不仅影响语言系统，也影响其他系统，这种平行激活对感知、注意力、记忆及其他认知功能都有影响。所有这些都不是独立的模块，我们的思维也不是模块化的。如果从学术角度来说，就是特定领域的语言经验转化为普通领域的认知变化。

思考多语现象的最佳方式，不是将其作为一种固定的结构，而是要将其作为一种不断演变的大脑状态。根据从听觉、视觉、触觉、嗅觉、味觉、前庭和本体七大感觉获得的输入，大脑在持续地接收着信息，大脑状态在不断变化。

因为在双语系统或多语系统中有更多的协同激活，所以需要更多的认知控制来管理这些跨语言竞争，尤其是在说话和输出语言时。一旦我们理解了这种高度互联且动态的多语言网络中的并行协同激活现象，我们就会明白是什么造就了多语的重要性和价值。

这种高度互联的认知结构，有着显著的现实意义。

# 第三章

## 创意、知觉和思维

创意是个奇怪的玩意儿。难以定义，无法量化，很难实现，但广受追捧，备受渴望。作为一个既有孩子又有全职工作的人，却在湖边小屋里独自写这本书，让我想起了那个敖德萨[1]笑话：一个人跟他妻子说他和情妇在一起，跟情妇说他和妻子在一起，其实却是独自藏起来看书。事实证明，创意需要时间滋养，需要纪律约束，需要自我牺牲或谋略才干，或者两者兼具。

用第三种语言写作，可以产生一种疏离感，远离早年成长时期的亲密与柔弱，远离对母语的原始情感，这使得我几乎可以像个旁观者一样，更加超然地记录自己的感受和思考。

但用英语写作还带来一点更明显的不同。我很确定用英

---

1　敖德萨（Odesa）为乌克兰南部港口城市。

语以外的任何语言写就此书于我来说都是不可能的，这不仅因为我缺乏用罗马尼亚语或俄语谈论认知科学和神经科学的学术词汇，而且因为这些语言在我的脑海中与性别歧视文化和角色联系在一起。使用英语写作，使我摆脱了与我母语相关的性别角色所施加于我的限制，让我成为许多语言中女性没有机会成为的思想家、作家和科学家。套用奥巴马2004年在民主党大会中的演讲词："在地球上任何其他国家，我的故事都不会发生。"我要说：用任何其他语言，我都不可能写就此书。

那么，多语能力和创造力之间的关系是什么？除了将我们从与母语和母国文化相关的限制和规则中解放出来，了解多种语言是否会在很大程度上改变我们的创造性思维？

对创造性认知的研究表明，如果一个人与其他国家的某人保持着密切关系，那么他会更富创造力，并在创造力测试中得分更高。与另一个国家的人建立亲密友谊和浪漫关系，能够提升创造力、促进工作创新并提振创业精神。通过测量为期十个月的跨文化恋爱的前后数据发现，跨文化恋爱提高了标准创造力测试中的成绩，包括提出多种可行解决方案的能力，综合多种不同想法形成最优解决方案的能力。跨文化浪漫关系的持续时间越长，为产品营销想出创意名称的能力就越高。与外国友人接触的频率越高，在创业和工作创新等创造性成果方面的表现就越好。即使是那些大牌时装店的时装系列创意，也与时装设计师花多少时间徜徉在异域文化中息息相关。

但仅仅暴露在形形色色的语言、文化、思想和观点的浮光掠影之中，并不是故事的全貌。掌握另一种语言，改变我们的认知结构，促进前一章中描述的令人印象深刻的并行处理和协同激活，从而造就多语和创造性思维之间的强大关联。

过去大多数关于创造力的研究都是用单语进行的。但最近对多语言思维结构的研究表明，掌握多种语言可以提升许多创造性任务的表现。因为大脑让所有语言协同激活和并行处理，多语者可以看到事物之间的关系，并在看似无关的事物之间建立关联——而这正是创造力的基石。

正如上一章中提到的，某些词汇在不同语言中有着形式上的共通之处，可以是字母、声音、非字母语言中的字符，或是音调语言中的音调。正是由于这些形式上的重叠，这些词汇在多语思维中反复被共同激活，导致共同发生的神经放电现象。而且由于共同放电的神经元是连在一起的，这些形式上的共同激活也会导致这些词汇意义的共同激活，比如当我们想到自行车时，大脑中也会浮现出车轮或车把的特征。

对于在美国的英语使用者来说，"自行车"这个词的语义特征更有可能包括锻炼和健身房，而对于荷兰语使用者来说，这个词可能更多意味着交通工具和车筐。有些特征在所有语言中都会有所重叠，有些则专属某种语言，另外还有一些会在某些语言中重叠，而在其他语言中不重叠。"自行车"这个词的法语翻译可能包括所有语言的重叠特征（如车轮），荷兰语和法语之间的重叠特征（如车筐），以及法语独有的特征（如长棍面包，因为法国人很可能在自行车车筐里放上一条新鲜的面包）。

研究人员分析了41种语言中1010个词的语义特征，发现这些词语的含义差异很大，反映了其语言使用者的文化、历史和地域特征。我们在这里谈论的不仅仅是像"美"这样的抽象词语，或者像"家庭"这样文化特征明显的词。那些我们认为在不同文化中应该具有相同含义的词，比如身体部位（哪里是背部），在不同语言中的意思也不尽相同。

当两个词语的共同激活影响了大脑内部的连接时，这种在多语中共同激活的对象的特征也变得更为紧密。多语者有可能看到单语者无法看到的物与物之间的关系（如车轮和法棍之间的关系），并能洞察这些物品及其特征，这种联系或洞察力是单语者无法体会的。

因此，对于多语者在创造力和发散性思维任务上得分更高，我们也无须感到奇怪。多种语言的持续共同激活，加强了双语者头脑中声音、字母和单词之间的联结，从而在概念和意义层面形成更紧密的网络与更坚固的联系。在最近一系列使用行为和大脑测量方法的实验中，我们发现多语者对单语者认为不相关的项目给予了更高的相关性评分。换句话说，掌握多种语言能够使得人们在看不到的事物之间建立联系。这些联系对于产生创见、解决问题以及领悟和洞察至关重要。

除了语义特征之间的联结之外，如果词语在语言间有形式的重叠，那么多语者会认为这两个事物在意义上更为相关。例如，希伯来语和英语双语者更会认为dish（菜肴）和tool（工具）两个词相似，因为它们在希伯来语中翻译为同一个单词kli。

一位汉英双语研究生告诉我，当她难以入睡时，有时会数山羊而不是绵羊。在汉语中，当用一个字指代时，绵羊和山羊都用一个"羊"字，而当用两个字指代时，两个词中也都有一个"羊"字。

这种能够看到物品之间的关系，并在看似不相关的事物之间建立联系的能力，是一种很难训练和教授的技能。事实上，

在一系列实验中，英语单语者、西班牙语—英语双语者和汉英双语者三组被试者被要求对两个物体的意义相关性进行评分。与单语被试者相比，双语被试者更倾向于认为这些成对的物体（甚至是明显不相关的物体，如铃铛和拼图）相关度更高，似乎是以单语者不曾使用的方式将物体联系在一起。用脑电图测量他们的大脑活动证实，双语被试者的大脑在处理信息时比单语被试者有着更高的联系物体的能力。

这种能力通常被许多人视为与生俱来，是洞察力和创造性的标志。

诗人李立扬[1]（Li-Young Lee）在他的诗《柿子》中描述了当他还是一名正在学英语的小学生时，他的大脑如何感知单词之间的音义关系。他会混淆"柿子"（persimmon）和"精确"（precision）这两个词的发音，同时也会把它们的意思联系起来，因为选择完美的柿子需要精确。"其他让我陷入困境的词，"李立扬写道，"还有战斗（fight）和恐惧（fright），鹪鹩[2]（wren）和纱线（yarn）。"

> 我因害怕而打架／我因打架而害怕
> 鹪鹩[3]是小小的平凡的鸟／纱线用来织造
> 鹪鹩柔软如纱线／母亲用纱线做鹪鹩

李立扬的多语思维让他看到了联结的模式，而其他人则可能只看到分离的描绘。正是这种相关联的表达，让他的诗歌给人一种独特的感觉。

与单语者相比，双语成人和儿童在各种创造性和发散性

---

1 李立扬（Li-Young Lee）是当代美国杰出诗人，1957年出生于印度尼西亚首都雅加达，父母都是中国人。代表作品集有《玫瑰》《在我爱你的那座城市》《带翼的种子：怀念》等。
2 鹪鹩（jiāo liáo），一种小型鸣禽。

思维任务上都表现得不同。例如，在一项图像识别任务中，同一张图片可以被解释为两个不同的图像（海豹／马、女人／男人、脸／苹果、老鼠／人、萨克斯／女士、松鼠／天鹅、身体／脸），掌握双语的年轻人能比单语者更快地识别出图片的第二种含义。

在对年龄较小的儿童进行的类似实验中，我们发现3岁的双语儿童和单语儿童间存在着差异。双语儿童只需要较少的线索就能看到图片的第二种含义。虽然效应量不大，但其效果的一致性在统计学上是显著的（意味着不是一次偶然现象）。我们选取的被试者来自普通人群，如果在创造力较高的人身上测试，有可能差异会更大。

另一项衡量创造力的实验是由我已故的同事、心理学家安妮特·卡米洛夫－史密斯（Annette Karmiloff-Smith）研发的，

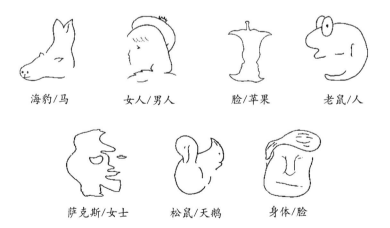

海豹／马　　　女人／男人　　　脸／苹果　　　老鼠／人

萨克斯／女士　　松鼠／天鹅　　身体／脸

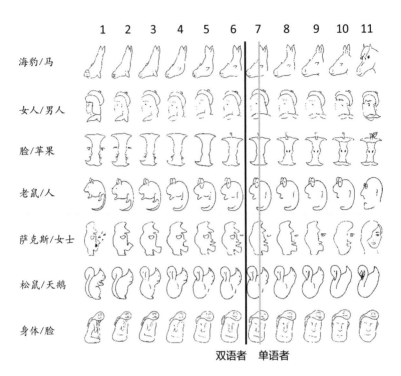

双语者　单语者

　　在看到第一张图片后，被试者每次只能得到一张卡片，直到他们能够观察出新的图像含义。平均而言，双语者在转换视角看出图片的第二种含义（比如从海豹到马）之前所需的卡片比单语者少。

实验的主要任务是绘制现实中不存在的物体。在针对4～5岁儿童的研究中，实验人员要求英语—希伯来语和阿拉伯语—希伯来语双语儿童画出不存在的花和房子，然后将他们的画与单语儿童的画进行比较。单语儿童的绘画更可能产生元素缺失现象（比如缺叶、只有一片花瓣、无茎、无根），或是从大小和形状角度制造差异化（比如把花画成心形）。而双语儿童的绘画则更多涉及跨类别的组合（比如长颈鹿花、有尾巴的花、骆驼花、"有很多毛、很多尾巴和鞋子的狮子花"、有胳膊有腿的花、有牙齿的花、树花、有门的花、蝴蝶花、风筝花，机器人屋、椅子屋、球屋）。通常，在执行此任务时，较年幼的孩子倾向于改变大小、形状或删除元素，而较年长的孩子则倾向于更改元素的位置、添加额外元素或跨类别组合。因此，双语儿童的绘画更类似于单语儿童在年龄更大时形成的模式。

儿童时期的创造力也预示着日后的创造性成就。在纵向研究中，20世纪50年代接受托伦斯创造性思维测试的儿童在50年后再次接受评估。儿童时期的分数预测了他们成年后的个人成就，某些指标也能预测公众成就。（在解读公共成就与个人成就的结论时应抱以谨慎态度。例如，该研究还指出，男性在公共成就方面高于女性，而在个人成就方面没有性别差异。我大胆猜测，在那个时期，一个人是否在公共领域实现了他们的创造潜力，受到了当时社会文化变量的影响，包括性别角色的差异及对男女两种性别的期望。）

我们这个时代的一些最有影响力的人都会说多种语言，或在多语环境中长大。谷歌联合创始人谢尔盖·布林（Sergey Brin）、YouTube联合创始人陈士骏（Steve Chen）、设计师卡罗琳娜·赫雷拉（Carolina Herrera）、赫芬顿邮报网站创始人阿丽安娜·赫芬顿（Arianna Huffington）、乔巴尼酸奶创始人哈姆迪·乌鲁卡亚（Hamdi Ulukaya），以及历史上无数企业家、创意巨擘、政治领袖、发明家和有影响力的思想家都知道或接触过多种语言。我们经常用他们的移民出身和卓绝的职业道德来解释他们的成功，却忽略了懂得多种语言对其能力的影响，这种能力以别人看不到的方式将思维的火花联系在一起。

　　一项研究创造力与双语关系的文献综述提到，在关于此类主题的24项研究中，有20项报告称双语者在各种创造力任务上的表现优于单语者（其中有一项研究发现没有差异，另有三项研究发现双语者的表现更差；这种研究差异的程度对心理过程测量来说并不奇怪）。一种广为使用的衡量创造力的方法是"轮换用途任务"（Alternate Uses Task）。在这项任务中，研究者向被试者呈现一种日常物件，并要求他们在短时间内尽可能多地想出其创造性用途，以此来评估被试者的发散性思维。当被问及纸的其他用途时，经常出现的答案可能是纸飞机、纸帽子或卫生纸，也有灯罩、过滤器或纸牌游戏等新颖一点的答案，较新颖的答案可能是扩音器、风车或用于装饰的人造雪等。轮换用途任务中的表现与艺术和科学成就具有相关性。值得注意的是，当要求双语被试者在测试期间切换语言时，与保持同一种语言时相比，他们的成绩会有所提高。

　　有人提议使用一个计算平台来自动评估创造力，它可依托自然的语言处理过程来量化文本中词汇之间的语义距离，从而生成一个语言创造力得分。但其实这种方法对创造力的看法非常狭隘，说明了衡量创造力所固有的挑战。

谁来决定创造力的定义？尽管我们有创造力测试，但准确的衡量标准仍然难以捉摸。谁更有创造力？是充满着奇思妙想的小发现的人，还是带来伟大改变的大发现的人？是那些致力于科技进步、发家致富的创新者，还是那些致力于在艺术或情感上打动人心的创新者？这一切都未有定论。测算统一的创造力商（Creativity Quotient）或统一的双语商（Bilingualism Quotient）可能并不算是一个明智之举。

高的创造性倾向并不一定意味着在创造实践中有所斩获；对大多数人来说，它可以表现为在日常生活中更善于解决问题，善于讲故事，或更乐于接受新的经验和想法。对经验持开放态度是一个与创造力和多语能力两者都高度相关的特质。虽然学习另一种语言不会让你的创意突如泉涌，但它可以从无到有、从有到多地增进你的创造力。如果你恰好正从事着创造性事业，那么它可以为你的开疆拓土助上一臂之力。

谈到创造力，语言本身就是一个创造性和生成性的过程。语言最独特的一个方面是，它允许我们将有限的词汇组合起来，表达无限的思想、情感和行动。随着多种语言的使用，组合的可能性呈指数级增长，尤其是当我们不仅在一种语言内而且是跨语言进行组合时。

名字有那么重要吗？

把玫瑰叫成别的名字，

它还是有芬芳香气。

莎士比亚笔下，朱丽叶正为她对罗密欧的爱痛苦不已，她讲道：某种东西的名字并不会改变我们对它的感知——将玫瑰叫成其他任何东西都不会改变它的芬芳。

在不改变意思的情况下将词语互换使用，以及将语言视为一种游戏，这或多或少符合了德国哲学家路德维希·维特根斯坦（Ludwig Wittgenstein）的语言游戏理论（Sprachspiel），他认为单词之所以有意义，是因为我们都愿意遵守正在进行的这"语言游戏"的"游戏规则"。

但莎士比亚和维特根斯坦是对的吗？玫瑰花还有其他名字吗？近一个世纪前，语言学家爱德华·萨丕尔（Edward Sapir）和本杰明·沃尔夫（Benjamin Whorf）提出，语言塑造了思维和我们对现实的感知，这就是后来的萨丕尔-沃尔夫假说：

我们按照母语规定的路线来剖析自然。我们从现象世界中分离出来的各种范畴和类型，在自然中根本无从寻找，因为它们紧盯着每个观察者的脸；相反，世界呈现在万花筒般纷繁流动的印象之中，必须由我们的头脑，且主要是我们头脑中的语言系统将其组织起来。我们将自然切割开来，将其组织成概念，并赋予意义，这主要是因为我们制定了一个协议……这个协议贯穿于我们自己的语言社区，并且用我们的语言模式编纂起来。

萨丕尔-沃尔夫假说提出了两个主要论点：语言决定论和语言相对论。语言决定论认为语言决定思维，而语言相对论认为思维与语言有关，不同的语言使用者有着相异的思维方式。萨丕尔-沃尔夫假说自1929年提出以来就一直备受争议，它最极端的观点是，在语言里某些词汇的缺失会导致无法思考这些词语所指的事物，而大部分的争论集中在如何定义并衡量思维和语言。

用来支持沃尔夫理论最著名的例子，就是因纽特人关于雪的词语（数量超过50个）。因为雪是因纽特人生活方式的重要组成部分，而且因纽特人有很多利用雪的方式，所以他们对雪的认知与那些对雪经验较少的人不同。沃尔夫认为，霍皮语[1]没有任何过去、现在和未来时态的语言标记，所以它体现了霍皮人感知时间的不同方式。

自那时起就有人指出，使用其他语言的人也能在语言上

---

1　霍皮语是美洲土著霍皮人（Hopi）的语言，他们很多居住于美国亚利桑那州。

区分雪的类型。唯一的区别是，他们可能会使用多个词语或短语来代替单个词语，比如下落的雪、地上的雪、压实的雪、冰状雪、泥泞的雪、湿雪等。尽管霍皮语不像英语或许多其他语言那样标记时态，但霍皮人可以通过参考自然时间标记（比如日月天体的运行、一年四季的轮换、河流的水位、庄稼的青黄等）来交流过去、现在和未来的现象。

对语言决定论的抵制在很大程度上是合理的。决定论将语言等同于思想的观点太绝对了，它不承认语言影响的局限性，并且经常会产生不一致的研究结果。一种语言中的概念在很大程度上是可翻译的，即使不总是高度精确，即使可能需要使用大量的词进行解释。那么，为什么萨丕尔-沃尔夫假说持续引起如此多的兴趣和痴迷呢？心理学家约翰·卡罗尔（John Carroll）写道："也许这是种暗示，所有人的一生都被语言的结构所诱导，而陷入了一种感知现实世界的特定模式，所有人都蒙在鼓里，而意识到这种约束的存在可以帮助你以焕然一新的视角看待世界。"我的一个学生甚至想知道，学习一门外语是否有助于他们摆脱因使用标准美式英语和非裔美式英语方言而产生的种族图式[1]和偏见。

早在萨丕尔和沃尔夫提出语言决定论和语言相对论之前，

---

1 图式是指人脑中经过观察和学习而形成的一张张知识和经验网络。其中体现的，是我们对中心概念的认知。

以及科学界开始对这些观点进行实证检验之前，哲学家弗里德里希·尼采（Friedrich Nietzsche）就提出过语言对思维的限制，他甚至把语言称为"监牢"。

那么，多语的使用是打开监牢的钥匙吗？如果语言是一个滤器，它将我们周围用来解读现实世界的信息过滤了一道，那么新的语言会戳出更多的洞，或者戳出更大的洞，让我们能够接收和了解更多关于世界万物的信息。

我不认为所有的想法、记忆、情绪或学习都一定是语言导向的。语言决定论在解释像"爱"或"荣誉"这样"只可意会，不可言传"的事物时就显得捉襟见肘了。有许多诸如骑自行车或游泳之类的学习，根本无须语言的介入。而经典条件反射，如著名的巴甫洛夫实验（将铃声与食物关联起来，并在听到铃声时开始流涎），就是非语言学习的另一个例子。

在记忆研究中，一个多世纪前著名的针刺实验证明了大脑在没有语言的情况下也有学习和记忆的能力。瑞士神经学家爱德华·克拉帕雷德（Édouard Claparède）曾经治疗过一名患有顺行性遗忘症的女性（顺行性遗忘症是指无法形成新记忆和记忆新信息）。这位病人记得童年事件，拥有旧时记忆，但无法创造任何新的记忆。如果克拉帕雷德离开房间一个小时，她便会很快忘记他是谁，甚至不记得曾经见过他，尽管她每天都在和他互动并接受他的测试。有一天，克拉帕雷德把一根别针藏在手心里，当他向病人问好时伸手去和她握手，用别针刺到了她。第二天，虽然患者不记得自己曾经见过克拉帕雷德，更没有意识到被他刺到过，但她拒绝与克拉帕雷德握手，尽管她以前每天都这样做，也无法解释为什么不再想与他握手。即使她并没有意识到发生了什么，但记忆犹在。熟悉克里斯托弗·诺兰（Christopher Nolan）的电影《记忆碎片》的影迷可能还记得，一名保险代理人就是使用了类似的策略，来确定患者是否在假装记忆障碍。

很明显，语言和思想并不能相提并论。虽然语言不能完全决定思想，但它仍是有意义地促进和影响我们如何思考以及我们是谁的关键因素之一。即使不能用单个词但仍可以使用短语或句子来谈论雪或时间，语言对思维的影响似乎不在于你的智力能够表达什么，而在于你如何表达它。

例如，在Twitter和Reddit[1]上，多语人士指出，在西班牙语中和"注意力"搭配的动词是"借"，因为你有点想要它回来；在法语中的动词是"制造"，因为如果你不制造，它就不存在；如果用英语来说，你得用"支付"，因为它很有价值；而在德语中，你会用"赠"这个动词，因为它确实是一份礼物。像这样的语言剖析得到了实证研究的支持。颜色感知、时空关系和参照框架只是受语言影响领域的一部分。就颜色来说，世界上的语言在使用基本颜色词汇的数量上差异很大。据

---

1 Twitter（推特）和Reddit（红迪网）均为美国著名的社交媒体平台。

"世界颜色调查"估计，世界上至少有20种语言只有三到四个基本色彩词语（一个词代表白色或浅色，一个词代表红—黄色调，一个词代表黑—绿—蓝色调）。因为语言会影响输入信息中对我们来说很重要的那些文化特征，并且因为每种语言只将可能选项中的一个子集词汇化，所以不同语言的使用者对颜色的感知和记忆并不相同。

英语中表示蓝色的只有一个词"blue"，而俄语中有两个不同的单词分别表示浅蓝色（goluboy）和深蓝色（siniy）。（我们当然也可以将英语单词组合起来或者用短语来描述深浅各异的蓝色，但这些方法不太常见，而且通常不是孩子们在启蒙阶段会学到的主要颜色。）当英语使用者和俄语使用者接受颜色辨别任务测试时，俄语使用者在区分两种颜色时会更快。在另一项针对希腊语使用者和英语使用者的研究中，测试者通过脑电图测量大脑电活动也发现了类似的结果。希腊语中也有两个不同的单词来区分浅蓝色（galazio）和深蓝色（ble）。脑电图反应显示，讲希腊语的人对蓝色的明暗变化比对绿色更敏感，但讲英语的人则没有这种区别。

当然，在那些没有专有词汇来描述浅蓝和深蓝的语言中，人们看到蓝色时依然可以区分不同的深浅。语言中没有表达深浅不同蓝色的词汇标签，就像语言中没有各种各样关于雪的说法，丝毫不会妨碍我们感知和体验多姿多彩的外部世界。然而，它似乎会影响我们的响应速度，以及我们如何将外部环境编码到记忆中的方式。和用同一个颜色标签（蓝色）或修饰过的标签（浅蓝色和深蓝色）相比，用完全不同的颜色标签（蓝色和绿色）来描述人们的眼睛或衣物的颜色，更容易使我们记住，当然也更容易向朋友转述。当我写下这句话，我意识到我在使用英语时（用的是"blue"这个词），脑海中浮现孩子眼睛的颜色会略微深一些，而使用俄语时会略浅（用的是"goluboy"这个词）。因为这两种颜色的基本色调不同，我的心理表征发生了变化。

　　另一个被广泛研究的领域是时间概念。在科幻电影《降临》（下文有剧透！）中，艾米·亚当斯饰演的语言学家在学习了一种编码时间维度和时间转移的外星语言后，得以穿越时空。虽然我们还不知道有哪种语言可以允许时间旅行，但不同语言的使用者确实对时间有着不同的理解，语言在塑造时间的心理表征方面发挥了显著的作用。（毫无疑问，倘若未来有机会与外星人交流，肯定少不了熟悉不同交流代码的心理语言学专家。）

　　有些人认为时间是横向推进的，另一些人认为它是纵向发展的，还有些人则认为时间是循环往复的。讲英语的人更倾向于横向地表示时间，他们会说事件发生"之前"或"之后"，会"前瞻"某事，或"回望"童年。而讲汉语的人既会横向又会纵向地表示时间，他们会将早些发生的称为"上"，晚些发生的称为"下"。对语言如何塑造时间表征的研究发现，当被问及三月是否在五月之前时，英语使用者在看到水平排列后反应更快，而汉语使用者在看到垂直排列后反应更快。（但说英语的人也可以学会用垂直的方式来思考时间：新的说话和思维方式是可以习得的。）当然，在现实中，时间根本不是一条线，尽管物理学家确实相信时间不可能脱离空间存在。

对于时间主要是数量还是距离的问题，不同语言使用者的观点有所不同。说英语的人在谈论时间时既使用距离隐喻（比如"把会议向前推进""短暂的幕间休息"），也使用数量隐喻（比如"很多时间""节省时间"），而使用距离隐喻比数量隐喻更频繁。其他语言则不然。

在两个关于时间隐喻如何影响时间估计的实验中，实验人员要求不同母语的人（如英语、印度尼西亚语、西班牙语和希腊语）估计线条变至全长和杯子装满水所需的时间。实验发现，如果母语对时间有更多距离隐喻（如英语和印度尼西亚语），那么该种语言使用者对时间的估计受线条长度的影响更大；如果母语对时间有更多数量隐喻（如希腊语和西班牙语），那么该种语言使用者对时间的估计受水量的影响更大。

我们发现语言也会影响方向感。英语中有东南西北等基本方向，也有前后左右等以自身为中心出发的坐标。有些语言就没有这两种选择。在只有基本方向的语言中，说话者必须随时知道东南西北在哪里，以便用来描述位置和方向，甚至自己身体和四肢的方位（比如他们会说用"南手"拿苹果）。

　　并非所有研究都发现了时间表征或颜色感知方面的差异。它们与萨丕尔-沃尔夫假说下的许多效应一样，仍然需要确定语言效应存在的条件。语言决定论研究中的差异，部分是由于对每个成分的不同定义和测量造成的。即使那些人有资格被算作双语、三语或多语者，仍旧涉及定义的问题。到底双语（或三语、四语……）的学习者要学得多好，才算是跨过了那道门槛，成为会说这种语言的人？能不能被看作双语者或多语者，这种判定不仅因人而异，而且因研究而异。

　　我们还没有确切地了解哪些认知功能会被语言改变或不会被语言改变（以及何时、为何、如何改变）。然而，越来越清楚的是，虽然语言并不决定思维，但它能以强有力的方式帮助塑造思维。爱德华·萨丕尔曾说道："仅把语言想象成解决沟通和思考的具体问题的附带手段……这是一个相当大的错觉。事实上，'现实世界'很大程度上是在不知不觉中建立在群体的语言习惯之上的。"

　　有时候，错觉现象恰恰能让我们瞥见大脑对现实的解释是多么主观。我们的直觉认为，感知是直接的，我们所感知到的是外部世界未经过滤的版本，并且我们都对同一现实有共同的感知，而错觉与我们的知觉相悖。我们认为感官感受不应该受观念左右。这就是为什么当有人坚持认为我们眼中的金色衣服实际为蓝色时，或者当我们清楚地听到的"Yanny"在他们听来却是"Laurel"时，我们会感到如此惊讶。这只是近年来在网上广为传播的知觉错觉实例中的两个。

在 Yanny/Laurel 听觉错觉中，同样的声音被一些听众认为是"Yanny"，而其他听众则认为是"Laurel"。在蓝／金裙的视觉错觉中，完全相同的裙子被一些人认为是蓝色和黑色的，而被另一些人认为是白色和金色的（双方都在搜索引擎的另一端各执一词）。这样的知觉错觉表明，你听到或看到的东西最有可能受到那些在你大脑中被激发的神经元的影响，而哪些神经元最有可能在你的大脑中被激发取决于那些先前被最近经历所激活的神经元。人们在听完全相同的声音时，可能会感知到不同的词（比如 brainstorm 和 green needle，即头脑风暴和绿色的针），这取决于他们在听到这个词之前读到什么词。

每时每刻，经验都在不断重塑我们的神经网络，因此即使对于完全相同的刺激，激发的神经元也永远不会完全相同。同一个人可以在某一天看到衣服是这种颜色，而在另一天看到另一种颜色；或者在早上听到的是"Yanny"，而在下午听到的却是"Laurel"。很多时候，激发的神经元网络的差异并不强烈，不足以产生明显不同的体验，但有时它们会越过一个阈值，导致对相同输入产生完全不同的感官感知。对于同样的环境输入可以引起人们不同情绪的事实，我们已经能够理解，但很难接受同样的环境输入可以引起不同感官体验的事实。

真相是，不管是情绪还是感官都是主观的。从周围的视觉环境到我们所说的语言，感官知觉可以被任何东西影响、扭曲和改变。

当双语者转换语言时，他们的神经激活网络会发生变化，他们对现实的感知和解释也会发生变化。在经典的双闪错觉实验中，一次闪光会由于听到两个声音信号而被错判成两次闪光。对于多语者来说，实验中给予的听觉和视觉刺激需要比单语者的更密集，否则他们便不会错判。换句话说，在跨模式输入之间缺乏自然关联的情况下，双语能力可能会增强对诸如时间感受等某些特征的敏感性。有人提出，这是由于双语者在确定何时应将视觉和声音组合时（基于空间、时间和语义特征），能够进行更为有效的自上而下的控制。

多语能力除了影响感官感知，还可以改变跨知觉模式的输入整合。多重感官整合最引人注目的例子是"联觉"——将一种感官体验与另一种感官体验联系起来，例如将声音与颜色或某些生理感觉相联系。画家瓦西里·康定斯基从画作中感受到乐音悠扬，物理学家理查德·费曼从方程式里、艺术家法瑞尔·威廉姆斯在听音乐时，都能感受到色彩纷呈。虽然我们大多数人没有经历过这种极端的跨感官整合，但我们也受到了跨感官的影响。例如，听流畅的音乐可以增强巧克力的丝滑口感。其实当同时感知到听觉和视觉输入时，我们所有人都会将不同模式的信息进行组合，当然也包括在处理语言时。

虽然多语者在处理非语言刺激（比如在双闪错觉实验中不

相匹配的声音和闪光刺激）时的时间感会更佳，但在处理语言时，他们似乎更容易将视觉和听觉输入合为一体。在整合语言输入时，多语者更有可能将说话者的声音和唇部动作结合起来。

麦格克效应（McGurk effect）指的是这样一种现象：如果你的眼睛看到某人的嘴唇发出一种声音（如"ga-ga"），而同时你的耳朵却听到另一种声音（如"ba-ba"），那么你的大脑所感知的并不是这两种声音，而是一种全新的声音（"da-da"）。在语言发展的最初阶段，多感官整合就存在于语言理解的过程中。在能听能看的人中，大脑学会了将特定的视觉输入与特定的声音配对，而且这些关联会随着时间的推移而固化。当意外的错配发生时，大脑就在试图协调它的过程中产生了麦格克效应。

我们的研究表明，双语者比单语者更容易出现麦格克效应，这表明多语经验改变了多感官整合。这可能是因为双语者在学习另一种语言时，需要（至少在学习初期）更多地依赖于视觉信息来理解语音。外语学习者常称他们会更关注说话人的唇部，来提升自己的语言理解能力。另一方面，在电话中理解一种新语言比当面理解更难，因为缺乏视觉信息。事实上，在多语家庭中长大的婴儿会比单语婴儿更注意说话者的唇部。双语者和单语者在处理语言相关输入时的这些早期差异，将持续影响他们一生的感官处理过程。

视觉和听觉并不是受语言影响的唯一感官，尽管对其他感官模式的研究鲜见。在对感知进行编码的方式上，语言和语言是不一样的。不仅不同语言中感官词汇数量不同，而且同一语言的使用者描述感官的一致性也不尽相同。例如，嗅觉在所有语言中几乎普遍比其他感官编码得更差。一个在想象中尝、闻、触不同物件的研究发现，多语者在用外语时对触觉、动觉、听觉和视觉方面感官体验的心理想象不如用母语生动，这表明生活的原始体验与母语紧密相连。

语言甚至可以影响我们对疼痛的感知。使用脏话可以让人们把手放入冰水中保持更长时间，这可能是由于疼痛阈值发生了变化及生理压力通过语言被释放。下次当你绊到脚趾或踩到孩子的乐高时，就可以用这经实验证实的证据当借口啦。（尽管飙吧，你感觉会好些！）

语言是我们处理和组织周遭世界信息的最强大的工具之一。语言系统过滤了我们对现实世界的感知，而学习另一种语言使我们有可能在不受单一语言的限制下感知周围的环境。多语者能够感知到更多的天地万物，因为他们能够超越单一语言所强加的单一认知。我们既有了语言，还需那些改变心智、麻痹自我的药物作甚？

# 第四章

## 语言造就的肉身

太初有道……道成了肉身。

——约翰福音 1:1–14

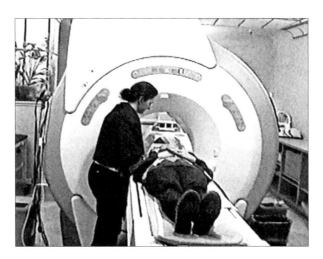

1998年，纽约市纪念斯隆凯特琳癌症中心，作者准备用fMRI扫描仪测试双语者。

　　我初次涉足多语大脑研究是在20世纪90年代。当时人脑认知处理功能性磁共振成像技术刚刚起步，我要从伊萨卡出发，花5个小时前往纽约市纪念斯隆凯特琳癌症中心，对双语大脑进行扫描。神经科学家乔伊·赫希（Joy Hirsch）教我如何使用功能性磁共振成像（fMRI），我们会一起仔细研读大脑图像直至深夜。功能性磁共振成像类似于你在医生那里进行身体扫描的那种核磁共振成像（MRI），只不过它扫描的不是身体结构，而是通过跟踪大脑各个区域的血流和氧合水平技术来测量大脑的功能。

　　核磁共振最早先被用来定位肿瘤，以及将大脑解剖结构可视化。随后，它成为脑外科手术的一部分，以协助外科医生保留基本生命功能所需的关键脑区。但随着对大脑结构和功能认识的发展，新的用途被开发出来，用来检查大脑在认知任务中的功能。

　　血液氧合水平比较开始在人脑功能成像中使用。当大脑的某个区域参与认知任务时，与执行该任务相关的神经活动就会局部增加。神经活动的增加导致血管扩张，同时也会增加该区域的新陈代谢率。于是，该部位的血容量和血流量增加了，改变了该区域大脑的含氧量。fMRI扫描仪可以检测到不同大脑区域氧合水平的变化。简单地说，当我们执行一项脑力任务时，执行该任务的大脑区域的血流量会增加，而强大的电磁可以测量这些区域的氧合变化，从而确定到底是大脑的哪块区域在执行任务。

最初，多语大脑研究试图在大脑中对母语和非母语进行定位。这些早期的弯路源于对大脑如何从损伤中恢复的临床研究。

失语症是指大脑受损后失去理解或表达语言的能力。患有中风的三语者可能会因中风丧失其中两种语言的理解力，也可能其中一种已经丧失掉的语言能力会失而复得。有个不同寻常的多语失语症案例，患者是一位修女，她出生在卡萨布兰卡一个讲法语的家庭，10岁时开始学习阿拉伯语，两种语言都很流利。她在一家医院做了24年的儿科护士，在那里她与病人和亲属主要讲阿拉伯语，与医院的医务人员主要讲法语。在48岁时，她遭遇了一场车祸，导致脑部受伤，失去了意识。身体康复后的她无法说话，两种语言都出现了全面失语。四天后，她只能说两三句阿拉伯语。她头脑清醒，智力未损，也并没有发现其他的神经心理问题。在接下来的14个月里，她的语言恢复交替进行；在某些日子里，她的阿拉伯语强一些，法语弱一些，而在其他日子里，情况正好相反。即使在她恢复了这两种语言之后，她仍然无法用拉丁语念出《圣母马利亚》和《主祷文》，尽管对此她早已烂熟于心，并曾念过成千上万次。这种不寻常的失语症病例被称为交替对抗性失语症，并不像人们想象的那样罕见。

最早的一项关于多语失语症的系统研究发表于1895年。

神经学家阿尔伯特·皮雷斯（Albert Pitres）想要描述多语失语症中各种语言的丧失和恢复模式，但由于个体之间的差异，这被证明是项不可能的任务。选择性语言丧失和恢复的模式取决于诸多因素：大脑中的哪些进程被打乱，何时学了该语言，学习的方式如何，学习的程度如何，以及最近什么时候用过它。

在神经语言学方面，多语言失语症已在少至2种、多至54种语言的多语者中进行了研究。这些病例涉及第一语言的丧失和恢复、第二语言的丧失和恢复、死语（古典希腊语和拉丁语）的反常恢复、选择性失语症（在多种语言中只丧失一种语言能力）、差异性失语症（不能理解一种语言，而不会说另一种语言）、交替性失语症（有时丧失一种语言能力，有时丧失另一种），以及病态混淆（将两种语言混淆在一起，无法控制何时使用哪种语言）。

最初，研究者将多语者丧失一种语言能力而保留了另一种语言能力的现象，解释为语言在大脑的不同区域进行处理的标志。多语失语症患者的选择性语言丧失和恢复，使早期研究走上了寻找大脑中特定局部语言区域的错误道路。19世纪末，外科医生开始使用直接电刺激来识别大脑中与语言有关的区域，试图在进行切除肿瘤或缓解癫痫发作的手术时避开这些区域。早期的研究者在镇静后或清醒的多语者身上使用了大脑皮层刺激，来给大脑中不同的语言区域进行定位，持续探索以期找到每种语言的特定位置。

通过皮层刺激选择性地干扰多语者的某些语言（而非另一些语言），推动了大脑中语言共享区块和独立区块的研究。现在我们知道，一个多语者的语言在很大程度上依赖于大脑错综复杂的网络，不同语言的不同表现取决于语言的属性及其掌握程度，而对一种语言而不是其他语言的选择性损伤可能有多种原因。

探求多语者是在相同还是不同的大脑区域处理语言，是一个被误导了的问题。大脑并没有特定区域来处理每种语言。相反，大脑在语言内部和语言之间使用的是一个广泛的、高度相关联的分布式神经网络。

近年来，神经科学在测量大脑的工作方式、语言的神经加工方式及学习新语言如何重塑大脑等方面取得了巨大的进步。多项研究表明，语言活动跨越了大脑中一系列广泛的交叉作用区域，包括额叶、颞叶、顶叶、枕叶以及脑干。

语言在认知系统中广泛的并行处理方式当然不是多语者独有的。最近的研究表明，在一般的语言系统中，感官和词汇语义信息是并行处理的，对单语者来说也是如此。事实证明，大脑中先前被认为在语言处理过程中较晚才活跃的区域，实际上在语音出现的时刻就立即发挥作用了。科学家曾经认为，语言处理遵循着一条串行路径，像声音频率这样的简单声学信息首先经由初级听觉皮层处理，然后才在颞上回转化为有意义的单词。后来我们采用了新的研究方法，在大脑中放置了覆盖整个听觉皮层的小电极，用以同时收集语言映射的神经信号。这些新的神经科学实验表明，大脑不是以串行方式将声音的低级表征转化为单词的高级表征，而是并行地处理它们。

大脑多语处理中的并行激活方式也为揭示人类心智的非模块化提供了另一种途径。关于心智模块化争论的源头要追溯到 18 世纪、19 世纪的伪科学——颅相学。弗朗茨·约瑟夫·加尔（Franz Joseph Gall）等颅相学家声称，一个人的心智能力可以被定位到大脑的特定物理区域。你可能会看到大脑的图像显示 X 区域做什么、Y 区域做什么、Z 区域做什么，这便是颅相学的一种形式。

到了 20 世纪，哲学家杰瑞·福多（Jerry Fodor）的著作为心智模块化的观点注入了新的活力。尽管他的《心智的模块化》（Modularity of Mind）一书去除了心智功能在大脑中具有精确物理位置的概念，但该书还是煽动性地提出了"功能本身即是模块化"的观点。也就是说，大脑由不同的、成熟的、进化发展的模块组成，比如独立的语言模块、独立的感知模块、独立的记忆模块等，这些模块之间不会相互作用或彼此影响。

现在，新的研究方法为我们提供了福多几十年前无法获得的数据，向我们展示了大脑实际上并不是模块化的。一个大脑的整体功能及其产生的智能，根本无法通过独立地研究模块来理解。多种语言的大规模并行协同激活及其对其他认知功能的影响，加速了心智模块化理论走向消亡。

哪怕是现代的神经语言学最终也没有那么多可发挥的余地。我们可以把大脑的神经网络想象成涌现理论[1]（emergence theory）中提出的任意一种复杂系统。复杂系统有两个关键属性：（1）整体大于其部分之和；（2）它们是高度互联和动态的。

我们的语言能力（所有语言）可以被认为是整个大脑协同工作的一种涌现性[2]。拿音乐会打个比方，说英语和说法语的区别不像是吹大号和拉小提琴的区别，而更像是整个管弦乐队演奏贝多芬的第五交响曲和柴可夫斯基的第六交响曲的区别。一个多语者可能会丧失其中一种语言能力而保留另外一种，尽管它们依靠的是大体上重叠的神经网络。这就如同即便两部交响曲是由同一个乐团演奏的，其中一部交响曲失去小提琴手的损失也可能比另一部更大。

语言能力随时间发生变化的方式可以用第二个属性来解释：大脑是一个自组织的有机体，它根据输入的信息和经验进行学习和适应。神经网络在大脑中形成并变迁，它的使用增强

---

1　涌现是指复杂系统内部由众多简单的子系统通过聚集相互作用产生出高度复杂的现象，在较高层次的系统层面会诞生一些子系统所不具备的新属性或新规律。涌现理论的主要奠基人为美国心理学者约翰·霍兰德（John Holland），他指出涌现现象俯拾皆是，如蚂蚁社群、神经网络、免疫系统、互联网乃至全世界经济等，但凡一个过程的整体行为远比构成它的部分复杂，皆可称为涌现。

2　如果将涌现现象简单描述为"整体大于其部分之和"现象，那么"大于其部分之和"的那部分就是涌现出的新质，即涌现性（emergent property）。

神经网络间的连接，而停用时大脑会进行突触修剪[1]。艾伦·图灵（Alan Turing）以数学方式描述了涌现背后的原理，以证明一个复杂的有机体可以在没有主规划者的情况下进行自我整合。

　　自组织系统既存在于自然界（比如黏菌[2]行为与蚂蚁社群），也存在于工业世界（如城市布局），如今人类正在使用人工智能创建越来越复杂的自组织网络。人工智能可以通过无数次反复尝试解决问题，在无休止的试错游戏中自主学习。系统会随着时间的推进找出最有效的方法，甚至可以在国际象棋对弈中击败大师，这在过去被认为是不可能的。人类智能的出现是大脑多个组成部分之间相互作用的结果，而人工神经网络的自组织和自复制与人类智能十分相似。

　　虽然每个神经元的能力有限，但当许多神经元相互连接、相互作用时，其总和就会大于部分，并能够以实现复杂认知功能的方式进行自我组织。在掌握众多语言的多语者中，这种自组织系统的复杂性更大。当两个神经元对刺激（如一句口语）做出反应时，它们便会开始形成彼此之间的化学和物理通路，这些通路的加强或削弱取决于它们被共同激活的频率。例如，与 sleep（睡眠）和 green（绿色）相比，sleep 和 tired（疲劳）这

---

1　突触修剪（synaptic pruning）是指大脑去除神经元之间多余突触联系的过程。它是一种大脑优化神经网络、让大脑更有效工作的必要过程。
2　黏菌是一种单细胞生物，形态各异，没有神经系统，没有大脑。黏菌具有向食物聚集的特性，如果食物处于分散状态，它就会在食物之间形成最优化的路径，并通过这些路径输送养分。

两个词更容易同时出现。随着时间的推移，神经认知系统运作方式的变化会改变大脑的物理结构。

神经放电是学习过程的物理基础，它反映在大脑灰质和白质的形成中。学习另一种语言，并不单单是学习一些不同的词语或更多的词语。它能重塑你的大脑，改变它的形态，创造出织锦般纵横交错的连接。的确，语言能使我们向外传递信息，使交流成为可能，并将我们与其他人联系起来。但它也在激发的神经元内部建立连接，打造新的神经通路并加强现有的神经通路，以更有效地利用大脑结构，最大限度地学习并优化大脑功能。

正如体育锻炼可以改变我们的体质一样，学习和使用另一种语言等智力活动也可以塑造我们大脑的物理结构。研究发现，双语者额叶区域的灰质密度较高。灰质是大脑容纳神经细胞体并处理信息的地方；白质由有髓轴突组成，通过神经冲动将信号从一个灰质区域传递到另一个灰质区域。一个简单的类比是城市和连接城市的高速公路。在这个比喻中，灰质是大脑中进行处理的地方（城市），白质则是为灰质区域提供通信的通路（高速公路）。《自然》期刊上的一项研究报告称，第二语言熟练程度较高且习得年龄较早的双语者在几个皮层区域的灰质密度较高。

而且多语经验也会增加连接额叶控制区和皮层后及皮层下感觉和运动区通路的白质。这种差异可能使多语者将一些通常由执行认知任务的额叶区所做的工作，转移到处理更多程序性活动的区域。

尽管灰质体积和白质完整性都会随着年龄的增长而下降，但懂得多种语言有助于减缓下降。通过各种经历，我们的大脑具备了非凡的能力来重组并形成神经元之间的新连接。而多语经历不仅能改变参与语言处理部分的大脑结构，还能改变非语言大脑区域和结构之间的连接，甚至在不涉及语言的情况下也能改变大脑表现。

多语经历能改变大脑灰质和白质区域这一发现已然令人愕然，而对多语大脑的最新研究则更加不可思议。

除了改变大脑的结构、组织和功能，多语的使用还能够直接改变细胞的代谢浓度。由于大脑的神经处理过程需要能量，所以当神经退行，或经验驱动大脑进行重塑时，代谢浓度就会发生变化。大脑代谢和神经化学活动的变化，与阿尔茨海默病、多发性硬化症、帕金森病和亨廷顿病等认知缺陷有关，也与原发性进行性失语症等语言障碍有关。代谢物水平的变化也表现在认知老化中。在健康的身体里，代谢物的浓度会受到诸如记忆、执行控制[1]和阅读等认知功能的影响。测量代谢物浓度

---

1　执行控制（executive control）是指在完成复杂的认知任务时，对各种认知过程进行协调，以保证认知系统以灵活、优化的方式实现特定目标的一种高级认知功能。

特别有用，因为对于相对粗糙的行为测量而言，它提供了一种更精细的方法来测量大脑的神经化学状态。

对双语大脑代谢相关物的磁共振波谱研究显示，双语者和单语者大脑中的代谢物水平存在差异。双语者大脑显示肌醇浓度较高，N-乙酰天门冬氨酸浓度较低，这两种代谢物与基于经验的大脑结构调整有关，并且这两种代谢物的浓度都与双语活动参与度相关。看来，多语的使用提供了一种高要求的认知体验，从而改变了大脑中代谢物的浓度。

除了改变脑细胞中的生化代谢产物，其他与多语经验相关的细胞差异也可能发生在表观遗传上。表观遗传学（epigenetics）的研究对象，是由基因表达的改变而非实际遗传密码的改变而引起的生物体变化。"表观遗传学"一词来源于希腊语前缀epi，意思是"之上"或"附加"，类似于在基因遗传最上层的遗传。表观遗传的变化决定了蛋白质是否被制造以及哪些蛋白质被制造出来，它与行为和环境有关。

表观遗传的变化，如DNA甲基化，可以将基因"打开"和"关闭"。这些变化既是可逆的，也是可遗传的，取决于一个人或其祖先的生活经历。当一个人吸烟然后戒烟时，我们会看到表观遗传的改变发生逆转。吸烟者的DNA甲基化水平低于不吸烟者。甲基化通常使基因"关闭"，而去甲基化使基因"打开"，因此去甲基化更有可能导致与某些疾病相关的基因被"打开"。戒烟后，随着时间的推移，吸烟者DNA甲基化水平可以回归到与不吸烟者相似的水平。

我最喜欢的表观遗传例子来自水蚤。有些水蚤有带刺的头盔，有些则没有。光头的水蚤和有头盔的水蚤的 DNA 是相同的。决定水蚤是否有头盔的是其母亲的生活经历。如果水蚤妈妈遇到过捕食者，那么它的水蚤宝宝出生时就会有头盔。如果水蚤妈妈没有遇到过捕食者，那么它的水蚤宝宝出生时便是光头。水蚤妈妈和水蚤宝宝具有相同的遗传物质，但母亲的经历会通过表观遗传变化影响某些基因在后代中表达，从而决定水蚤宝宝是否会有头盔。

研究表观遗传学的学者把这种现象称为"咬母斗女"，它并非水蚤所独有。甚至野生萝卜的后代也会因其亲本植物是否受到蝴蝶幼虫的攻击而发生改变。当一只老鼠在闻到樱花香味时受到电击，表观遗传的变化能遗传两代，受电击老鼠的后代以及后代的后代都表现出对樱花的类似恐惧。请注意，表观遗传学与查尔斯·达尔文的进化论有本质上的不同，达尔文的观点是变异是遗传的，其性状是在较长的时间范围内通过多代人选择的，而非父母的直接经验之后。

甚至有人提出，负责细胞内广泛信息交流的表观遗传标记充当了"细胞的语言"。那么，究竟是什么使某些基因"打开"，而另一些基因"关闭"，以及表观遗传变化在多大程度上对这些基因的表达产生贡献，我们仍然不甚了解。这在一定程度上是因为整个表观遗传学领域极具争议，甚至在这两百多年以来都被认为不足为信。即使是现在，一些科学家仍对此抱有怀疑态度。

　　似乎负面的经历并不是产生表观遗传变化的唯一原因。积极而丰富的经验也会导致表观遗传发生变化。大鼠研究表明，母亲产前的刺激性环境会改变其后代的表观基因组、大脑以及行为。当雄性大鼠在交配前，雌性大鼠在受孕前和怀孕期间被置于丰富的环境中，它们后代的海马体和额叶皮质的甲基化水平便会下降。对大鼠来说，丰富的刺激性环境意味着更大的笼子、多层的探索空间、充足的玩具和用于社会互动的笼中伙伴。

　　对丰富的经验如何改变人类表观遗传特征的研究仍处于起步阶段。药物、酒精、烟草、毒素、食物、饥荒、温度和光照等环境因素都会影响基因表达。最近的研究报告称，大屠杀幸存者的子女，以及"9·11"恐怖袭击事件中受到创伤的受害者的子女，都发生了表观遗传变化。表观遗传的影响在儿童早期发展中发挥着重要作用，包括大脑发育、学习、语言习得和障碍。表观遗传过程也与人类的认知和语言障碍有关。

　　对于多语经验是否会带来表观遗传变化仍然没有定论。我们知道，语言天赋（在语言能力量表的一端）和语言障碍（在语言能力量表的另一端）都有遗传因素。这并不是说一个特定的基因决定了某个人是否有学习语言的天赋，因为语言能力与多个基因及其表达有关。

脑细胞可以利用DNA双链断裂快速表达与学习和记忆相关的基因。我们已经知道丰富的环境会在大鼠身上产生表观遗传变化，而基因表达会改变人类的学习和记忆，那么我们有理由认为，丰富的语言和社会环境（如与多语相关的环境）可以改变人类的基因表达。掌握多种语言，浸润在不同语言与文化的声音、景象和体验之中，可能同样会推动表观遗传的变化。当然，到目前为止这还是一个理论假设，需要有资源来进行实证检验。但多语经验与表观遗传变化相关的观点与表观遗传学理论是一致的。

多语经验改变了大脑结构和功能，它从细胞层面改变了脑内化学反应，甚至可能与表观遗传变化有关，这些发现和观点让我们意识到，像语言和文字这样无形的东西，竟然改变了像大脑及其中物质这样有形的东西。从前文描述过的眼动变化，到后文将提到的内耳中毛细胞的振动变化，学习一门语言确实会让你的身体发生改变。

这可能会让你想起《圣经》中的那句话："道成了肉身。"《约翰福音》不只是在某个地方顺便提到它，而是在开篇就提到了。语言改变物质是在世界各地的许多宗教、灵性修炼、神话和文化中都存在的一种观念。祈祷和颂歌都建立于语言之上。甚至那些江湖术士也是如此，他们相信语言和符号可以使人们产生某种感觉，或引导他们做出相应的行为。但这不正是语言的第一要义吗？它是我们都拥有的"魔法"。

日语中有个词叫"kotodama"，或曰"言灵"，指的是语言文字有着改变物理现实的力量。它反映在日本的年号命名传统中，比如当今由德仁天皇登上王位开创的"令和"时代，就寄予着"和谐"之意。曾经的天方夜谭，如今正成为科学研究的主题。我们看到，语言确实可以影响物理世界，也确实能影响我们的生理机能。

# 第五章

## 从童年到老年

对使人青春永驻、返老还童的圣杯的追寻，至少和《圣经》一样悠久。今天，我们研究地球上的"蓝色地带"，即那些人民寿命更长、百岁老人更集中的地方，试图获知延长寿命和提升生命质量的秘方。虽未曾找到圣杯，但我们已经确定有几个因素有助于让我们健康地衰老，其中最显著的就是运动、营养和教育。而双语能力则是延缓认知能力衰退的另一个保护因素（认知能力下降有时和衰老有关，也是痴呆症的特征）。

想象一下，多年来每天下班后都走某条路回家，有一天你回家的路塌了，你再也无法走这条路了。如果你住的地区修建了不止一条道路，那么一条道路的坍塌不会妨碍你到达目的地，因为你完全可以走另一条路回家。但是如果那条路是通往你家的唯一途径，或者是你所知道的唯一途径，那么你就遇到麻烦了。同样，如果大脑中的一条通路已经衰退，不再能用来获取记忆或信息，那么多语者还可以另择他途，这些通路是通过在其他语言中或在两种或多种语言之间日积月累形成的词汇、记忆和经历间的联系而建立起来的。

我年过八旬的荷兰婆婆威廉敏娜，精通五种语言，至今头脑敏锐。和很多擅长多种语言的老年人一样，她的经历与新兴的研究是相吻合的：掌握多种语言对大脑健康有益。

最近在多语神经科学方面最引人注目的发现之一是，掌握一种以上的语言可以使阿尔茨海默病和其他类型的痴呆症平均推迟4年至6年。随着年龄的增长和脑部机能的衰退，了解多种语言对大脑健康的好处着实让人震惊，你想想，除了运动与饮食之外，我们还不曾知道有其他什么因素可以带来如此巨大的益处。推迟几年患上痴呆症意味着有更多的时间独立自主地生活并享受生活，也可能意味着你是能与孙辈们共享天伦之乐，还是永远无法认得他们。

在两种或两种以上语言间的不断穿梭游走，能够创造一个连接更密切的神经网络，在功能上补偿了结构的退化。这并不是说双语痴呆症患者的大脑不会衰退，而是说连接更为紧密的神经网络能够让大脑没有衰退的部分更好地运作。换言之，并不是说多语者不会患痴呆症，而是他们痴呆症的日常症状会比具有相同衰退程度的单语者症状要轻。他们能够在行动上更好地应对它。如果将结构退化程度相同的单语大脑和双语大脑进行比较，那么平均而言，双语者会表现出较少的严重记忆丧失，较少的认知衰退，并在标准化认知测试（如MMSE，即简易精神状态检查）中比单语者表现更好。

这种在多语者中痴呆症延迟发作的现象，可归因于所谓的"认知储备"。它是指大脑的物理状态与其认知功能水平之间的差异。认知储备中可调取的替代性认知资源在胁迫状态下尤其有用，这种胁迫可以是脑部疾病、压力或是其他挑战。我们可以把它看作对大脑损伤的复原力。即使由于疾病、衰老、压力或暂时的健康受损形成了大致相似的大脑退化程度，具有高认知储备的人会在认知任务上表现得比低认知储备的人更好。

在电影《依然爱丽丝》（*Still Alice*）中，朱丽安·摩尔饰演了一位患有痴呆症的语言学教授，其灵感来自一个真实故事。她饰演的角色爱丽丝使用了诸如笔记、日记和提醒之类的外部记忆辅助工具，以帮助保持她在日常生活中的正常记忆能力。因为了解其中道理，爱丽丝聪明地借助外部记忆设备来帮助她记忆，这使得她有可能在早期更成功地应对痴呆症，并继续生活更长的时间，直到最终不可避免的令人心碎的结果来临。对痴呆症和认知能力下降的研究表明，教育水平及懂得另一门语言是有助于延缓疾病进展的两个变量。这两项因素，加上锻炼、压力管理和贯穿始终的好奇心，都有助于更长久地保持思维敏捷的状态。

当然，懂得另一种语言并不是唯一一种滋养大脑、对大脑健康有所裨益的体验。音乐是一种丰富的听觉体验，能够增进感官处理能力。单纯的阅读就是一种在单词和意义之间建立联系的认知体验。即使玩电子游戏也会对认知控制等心理功能产生积极影响。积极探求新知，无论是旅行还是做填字游戏或拼图游戏，都有助于保持我们的大脑健康，直到年老。

尤其教育，似乎是一个重要的影响因子。最近有研究发现，上过大学的80岁女性与仅受过高中教育的60岁女性的记忆能力就平均而言不相上下，作者认为这额外的四年教育弥补了与衰老相关的20年记忆损失。

而多语的脱颖而出之处，在于其影响更为广泛，并拥有上述其他活动能带来的所有好处。这些好处包括我们能从音乐训练中获得的听觉丰富化，从阅读中获得的词与义之间更深刻的联系，从玩电子游戏中获得的更强的认知控制，从参与刺激性活动中获得的大脑健康，从教育中获得的学习能力提升，以及从体育锻炼中获得的痴呆症的延迟。元分析（指对多项研究的分析）发现，双语对认知结果的影响与运动对认知结果的影响大致相同。

通晓多种语言的另一个独特之处是，一旦你掌握了一门语言，你无须在日常生活中专门抽出时间来学习，就能继续享受语言带来的益处。对于其他刺激大脑的活动，比如参加大学课程、完成填字游戏或数独游戏、锻炼身体或阅读，你需要专门投入时间，有时还得花钱才能从中受益。当你是一名多语者时，你只需要根据情况使用此种或彼种语言来生活，你的大脑便会不断地进行管理多种语言的认知练习。对于多语者来说，语言的选择、抑制、促进和控制是自动的。调动你所知道的语言需要大脑操练，而大脑操练改变了你的大脑，增加了你保持更长时间敏锐度的机会。

神经科学家们现在对认知储备和神经储备进行了区分。认知储备越来越多地被用来指在神经退化的情况下建立的补偿性认知能力，而神经储备则更有选择性地用于大脑的累进"强化"，其变化包括灰质体积的增加、白质的完整性，以及结构与功能的连接性。这两种类型的储备似乎都会因双语而得到改善，而当双语能力及双语接触度在一生中保持较高的水平时，这两种类型的储备会变得更为突出。

在对老年人（平均年龄81岁）的研究中，我们发现说英语与另一种语言的双语者，比只说英语单语的同龄人更容易记住他们之前看过的场景图片，尽管这两组老人在非语言智力、受教育年限和英语词汇量方面不相上下。在双语组中，更早开始第二语言学习和具有更长使用双语经历的人记忆力更好。还有人发现，掌握两种以上语言的多语老年人认知障碍的风险较低，在控制了年龄和教育水平后，这一发现仍然成立。

虽然双语者与多语者之间的比较并不常见，但在认知功能的某些方面，三语者似乎比双语者表现出更大的优势。一项人口健康研究报告称，在多语言国家，阿尔茨海默病的发病率较低。与人均使用两种或两种以上语言的国家相比，使用一种语言的国家阿尔茨海默病发病率更高。随着使用语言的增加，阿尔茨海默病的发病率会继续下降，一个国家所使用的语言数量与阿尔茨海默病发病率之间存在直接关系。

当你学习一门新的语言时，一个全新的世界向你敞开怀抱——你究竟该如何与使用这种语言的人沟通，如何旅行和体验这个世界。学习新语言的效果其实早在婴儿期就已经展现了，并且它能贯穿整个生命过程直到老年。

在一次看儿科医生的时候，一位护士听出我的外国口音，就建议我对孩子只说英语。她说，说另一种语言会把我的女儿"搞糊涂"，并给她带来长期的伤害。

她错了。

尽管一直有这样的误解，但并没有证据表明一种以上的语言或方言会有什么负面后果，或会导致孩子出现交流障碍。双语或双方言也不会增加认知障碍的发生率。讲多种语言或方言长大的孩子不会口吃，他们患听力障碍的风险不会增加，当然也不会被"搞糊涂"。当然，许多讲两种或两种以上语言长大的孩子也可能会出现交流或学习障碍，但这种障碍的发生率并不比单语的高；这些儿童无论在多少种语言环境中长大，都可能出现障碍。

有些新晋父母轻信了某些孤陋寡闻的护士、医生、教师、学校管理人员、家庭成员甚至出租车司机的错误建议，只对孩子讲一种语言。在这个过程中，他们不仅剥夺了孩子接触另一种语言和文化以丰富人生的机会，而且剥夺了他们作为双语或多语者在认知、神经、社会和经济方面的优势。

近年来，双语能力会带来不良作用的荒诞传言已然被消除，取而代之的是在双语或多语环境中长大的孩童得以终身受益的证据，包括这些孩童在一些感知和分类任务上更好的表现，以及认知灵活性和元认知技能的提高。

元认知意味着对思考的思考。它是指用于计划、监测和评估一个人的理解、学习和表现的过程和意识。而元语言能力，简而言之就是指体悟语言本质的能力。双语儿童比单语儿童更早明白，物体和物体的名字并非一一对应，一个物体可以有一个以上的名字，并且理解他们周围的物体与其名字之间的联系其实是任意的。关于语言是一个符号参考系统的这种理解，是认知发展的一个重要里程碑。

在一项研究中，我们使用了一项重复单词联想任务，来考查汉英双语儿童和英语单语儿童的大脑是如何组织单词的。他们的年龄均在5～8岁，双语者和单语者的操作智商（performance IQ）相当。孩子们需要对用两种语言呈现的某个单词提示产生三种联想（例如看到"狗"这个词，孩子们可能会产生"猫"、"吠"和"狗绳"的联想）。横组合响应（如"狗—吠"）出现在较早的年龄段，反映出其概念系统不如纵组合响应（如"狗—猫"）高阶。大多数5岁孩子对单词的响应是横组合响应；而到了9岁，大多数孩子对单词的响应为纵组合响应。尽管在我们的研究中，被测试的双语和单语儿童的响应在许多方面都相似，但双语儿童对动词以及第一联想响应更多是纵组合响应。这表明，双语改变了我们从小到大组织信息的方式，增强了我们的分类思考能力。

在两种或两种以上语言环境中长大的儿童的另一个认知优势，是更善于在不同任务之间进行切换。一个例子是"维度变化卡片分类任务"（Dimensional Change Card Sort），在该任务中，孩子们被要求根据颜色（红兔子和红船一起，蓝兔子和蓝船一起）或形状（红船和蓝船一同，红兔子和蓝兔子一起）在分类对象（蓝色或红色的船和兔子）之间进行切换。当按形状排序时，孩子们需要忽略颜色；当按颜色排序时，孩子们需要忽略形状。有些人在学习了第一条规则并习惯于以某种方式执行任务后，很难切换和改变为新的排序方式。双语儿童往往在这项任务的各种版本上表现更好，因为它需要灵活地改变他们所关注的维度。

双语儿童也更善于关注重要的事情，而忽视不重要的事情。例如，在某个版本的Flanker任务[1]中，参与者需要识别游向左边的鱼的方向，并忽略游向右边的无关紧要的分散注意力的鱼。这只需要一两秒钟的时间，但双语儿童在完成这类任务

---

1 Flanker任务又叫侧抑制任务，是认知冲突研究的经典实验范式。

时往往比单语儿童更快。

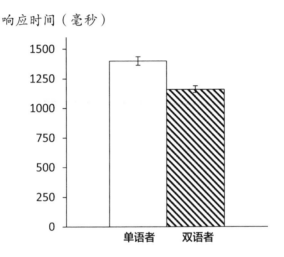

响应时间（毫秒）

其至有证据表明，根据心智理论（theory of mind）和错误信念任务（false-belief tasks）的表现，双语儿童在较早的时候就能理解别人可以持有与自己不同的信念和知识。心智理论是指将心理状态归因于自己和他人的能力，以及理解他人的心理状态或意图可能与我们不同。错误信念任务的一个例子是：让孩子观察两个木偶玩玩具，其中一个木偶把玩具放进盒子里并离开了，另一个木偶趁它不在时将玩具移到了别处。当第一个木偶回来时，孩子被问及木偶将在哪里寻找玩具。4岁或以上的儿童通常会正确回答，认为木偶会在离开房间前最初放置玩具的盒子里寻找玩具。然而，年龄较小的儿童以及许多自闭症儿童往往会回答说，木偶会在新的位置寻找玩具，这种回答显示了他们自己所知的信息，而并没有显示出对他人错误信念的理解。目前在错误信念任务上的几项研究发现，3岁的双语儿童就可能比单语儿童更为成功。似乎因为双语儿童必须学会格外注意交流者的语言，所以他们更早地发展出社会语言敏感性。双语能力有利于儿童社会认知的发展，因为它有助于更好地领会他人观点，或者因为它有助于压抑自己的不同观点。（有趣的是，成年双语者在错误信念任务中也比成年单语者更不容易产生自我中心的偏见。我们对执行典型错误信念任务的成年人进行了眼动追踪，发现成年单语者尽管回答无误，但在纠正自我倾向并提供非自我中心视角的观点之前，更有可能暂时产生错误的、以自我为中心的反应。）

也许最令人惊讶的是，双语养育的孩童的某些认知优势甚至在他们能够说话之前就已经显现了。对7个月大的语前婴儿进行的两项实验发现，用双语养育的婴儿学会了将预期的目光转向屏幕上即将出现奖励的新位置，并忍住不看先前的位置。

对于婴儿如何学习语言，科学家也展开了饶有趣味的研究。当我们刚出生时，我们其实能够听出并学习所有语言的发声，而当我们开始学习周围语言的声音，大脑和发音系统便向母语的声音进行调适。于是，通常在跨入生命的第二年之前，我们就已失去了识别许多其他语言声音的能力。在这个被称为感知窄化的过程中，与母语音素相对应的神经通路被加强，而与外来声音相对应的通路被剪除。我们从一个能够区分所有语言声音的"世界公民"，变成了只能区分母语声音的"本国公民"。而对于多语者而言，这一"通用"声音处理窗口会保持更长的时间。

大量研究表明，无论是在婴儿时期还是在整个生命过程中，我们的大脑都会从周围的不断输入中默默提取统计规律，以学习不同声音一起发生的概率。例如，英语学习者会理解以/r/音开头的单词后面更可能是元音而不是辅音。在心理学家詹妮·萨弗瑞（Jenny Saffran）及其同事关于婴儿认知和统计学习的杰出研究中，我们了解到婴儿能够从周围的语言环境中提取和学习概率信息，这表明从很小的时候起，我们的大脑就一直在跟踪某些声音共同出现的可能性。对于多语者而言，每种语言都有其独特的声音共现的概率。而沉浸在多语言环境中的婴儿，可以同时跟踪和学习多组不同的统计概率。

除了沉浸式的隐性学习外，新语言很多时候是通过显性指导来学习的，例如，当父母指着一个物体并说出它的名字时，或者当教科书提供熟悉单词的外语翻译时。在一项研究中，我们比较了西班牙语—英语双语者、汉英双语者和英语单语者学习新语言的能力，在学习语音上不熟悉的单词时，两个双语组的表现都优于单语组。多项研究表明，多语者比单语者更容易掌握一门新语言。

　　多语能力和乐感之间也有相通之处。广义上讲，多语和音乐都是丰富的听觉输入形式，是影响大脑可塑性的一种体验。在两种过程中人们都能感受到音高、节奏和音调的变化。研究发现，音乐家往往是更好的语言学习者，而且很多多语者在某些与音乐相关的任务上表现得更好（仅是平均情况，并非每个音乐家或多语者都是如此）。即使是9个月大的双语婴儿，也比单语婴儿更可能在两个小提琴音符间进行区分，这表明早期发现和区分两种语言之间细微差异的经验可能会转移到非言语声音感知上，比如音乐。

　　无论是学说第二门语言还是学习演奏乐器，都可以通过依赖经验的大脑重塑提高执行能力。然而，双语和音乐能力对执行控制的综合影响尚不清楚。我们的实验发现，双语者和音乐家在执行功能任务上的表现都优于单语非音乐家。为了确定双语能力、音乐才能，以及双语和音乐才能的结合是否能改善执行控制，我们对一些年轻人进行了一项非语言、非音乐的视觉空间任务——西蒙任务的测试，该任务测量的是忽视不相关和含有错误信息的空间线索的能力。结果显示，与单语非音乐家相比，双语者、音乐家和双语音乐家对分心线索的忽视能力更强，其中双语者和双语音乐家的表现水平基本相当。

　　我们也有理由认为，经常使用另一种语言能够提升儿童的数学能力，部分原因是执行能力和数学成绩之间的关联性。通过两组大规模的数据发现，在对4岁和5岁的学龄前儿童进行的数学推理和解决问题的标准化测试中，双语是一个重要的预测因素。

在一项研究中，我们比较了三年级到五年级的小学生在数学和阅读标准化评估中的学习成绩。这些学生分别参加了三种教学项目中的一种——主流的纯英语课堂，结合了主流语言（英语）和少数语言（西班牙语）的双语双向沉浸式课程（TWI），以及过渡性的"英语作为第二语言"（ESL）课程。我们发现，双语双向沉浸式课程对少数族裔语言和多数族裔语言学生的学习成绩都有好处。参加TWI课程的少数族裔语言学生的成绩优于参加过渡性教学项目的学生，而参加TWI课程的主流语言学生的成绩则优于参加主流单语课堂的学生。由此看来，双语TWI课程可以提高少数族裔语言和多数族裔语言小学生的阅读和数学技能。双向沉浸的其他好处包括对文化和语言与己不同的人抱有的积极态度，以及执行功能方面的优势。

许多人认为，双语儿童在幼儿时期的词汇量会更少。这一方面是因为在评估双语儿童时通常只用一种语言，另一方面是因为即使使用两种语言进行评估，评估词汇量时算的是以词汇概念计量的标签数，而不是儿童跨语言所知的标签总数。换言之，如果一个孩子在一种语言中有一条词汇标签，在另一种语言中对于同一个物体也有一条词汇标签，那么他的词汇是按词汇概念的数量而不是标签的数量来评估的（也就是说翻译相同的话只算一个）。一个掌握milk、house和dog这三个单词的英语单语儿童，评估起来会比掌握milk、leche、house和casa[1]的西班牙语—英语双语儿童词汇量要大。即使双语儿童掌握四个单词，这四个单词只对应两个词汇概念，而单语儿童掌握的单词则对应三个概念。这种评估方法常常使双语儿童处于不利地位。

如果把两种语言都计算在内，双语儿童所掌握的单词总数与单语儿童相当。到了高中阶段，双语儿童与单语儿童在单种语言的词汇量上不再有差别。到那时，他们的一种语言的词汇量将与单语者的词汇量相似，而他们有两种语言的词汇可以尽情利用。

多语者管理不同语言的控制系统，是高级认知技能模块（执行功能）的一部分。对此我已提过多次，但让我们挖掘得再深入一点。执行功能是指一系列认知过程，包括注意力、抑制、增强、工作记忆和认知灵活性。这些功能在人的生命过程中不断发展。它们也可能由于疾病（如痴呆症或脑损伤）、极端压力或单纯的衰老而恶化。我们大脑的执行功能网络使我们能够启动或停止响应，监控外环境和我们的行为，并在面临新任务时规划未来的行为。过去这些功能被认为是由额叶调节

---

1　西班牙语的leche和casa分别对应于英语的milk和house。

的，但最近的发现表明，其他大脑区域极有可能以全脑模式的方式也参与了执行功能。

在著名的斯特罗普效应中（如第一章所述），如果看到的单词词义所指颜色与所使用的墨水颜色不同（例如单词red是用黑色墨水写的），人们便需要更长的时间来说出墨水的颜色。当单词和墨水的颜色相匹配时（单词black是用黑色墨水写的），人们会更快地说出墨水的颜色。缘何如此？当单词（red）和墨水颜色（黑色）不同时，大脑必须忽略不相关的单词，只关注相关的颜色。在相关信息和不相关的信息之间做出决定并选择对其采取行动的能力是大脑的执行功能之一，被称为认知控制。认知控制包括对无关信息的抑制或压制（在斯特罗普任务中是抑制词汇信息），以及相关信息的强化或优先考虑（在斯特罗普任务中是增强颜色信息）。

当我们开车时，需要能够专注于路面而忽略分心的东西；当我们在教室时，需要全神贯注于所教的内容而忽略不相关的信息。无论你是正在做手术的外科医生，还是侦查目标的狙击手，或是照料庄稼的农民，你都需要能够关注相关内容、忽略不相关内容，以完成手头的工作。换句话说，抑制性控制是我们所有人每时每刻都在使用的东西——你现在正在用它来专注于你阅读的内容，并忽略分散注意力的想法，比如你待会儿要吃什么。大量实验表明，通晓多种语言的人在执行功能的各方各面都表现得更好。

　　这种在不同任务之间切换的能力，在忽略什么和注意什么中跳转的能力，是在多语思维中磨炼出来的，因为多语者需要在不同语言的词汇和规则之间反复切换，忽略不相关语言的竞争。就像有更多车道的高速道路一样，多种语言的并行处理优化了大脑。

　　当大脑不断收集和处理数据时，它通过先前经验（包括语言经验）的棱镜，将传入的信息进行了过滤。听见不同语言所带来的自下而上的输入，改变了大脑执行功能对信息的自上而下的处理。由于双语者经常在不同语言之间进行切换，由于他们不得不忽略来自竞争语言的无关信息，这种形式的心理锻炼使他们能够开发出更为有效的控制系统。

　　双语者会面对来自共同激活语言的竞争，这就要求他们能够控制这种竞争，使得为解决语言竞争而动员起来的这部分大脑区域变得更为高效。在一项使用功能性磁共振成像的实验中，我们发现在解决语言竞争时，双语大脑比单语大脑付出的努力更少，比如在包括语言内竞争对象的一系列对象中找出那个目标对象（如排除candle的干扰找到candy）。

　　大脑持续管理多种语言的需求深度改造了大脑。虽然通过翻译也可以将信息从讲一种语言的人传递给讲另一种语言的人，但依赖翻译的信息并不能实现与直接使用两种或多种语言所产生的大脑神经变化相同的效果。

　　麻省理工学院最近有一项研究使用功能性磁共振成像来

观察多语者和超多语者的大脑。不同研究者的定义各不相同，在这项研究中，多语者是指懂三种以上语言的人，而超多语者则是指懂10～55种语言的人。与对照组相比，多语者和超多语者使用较少的神经资源来处理语言。三种以上语言使用者的语言网络活动减少，这与双语大脑的神经影像学研究结果一致，即双语大脑在解决语言竞争对象的竞争时表现出较少的激活，该实验也证实了多语大脑可能更有效地利用神经资源进行语言处理。

正如拥有更发达的肌肉可以让你毫不费力地举起重物，双语者大脑的核心执行控制区域灰质的增加，使得他们管理相关信息和无关信息之间的竞争变得更为容易（这源于在时间约束下不断管理相关或无关语言的经验）。比方说，一个经常进行力量训练的身强力壮的人和一个从不锻炼的人都可以举起20磅的重量，但对身强力壮者来说，这项任务要容易得多，因为他能举得更久，做的次数更多。同样地，多语大脑在执行语言竞赛任务时不必像单语大脑那样卖力工作。

我们不可能知道在这些神经影像学研究中观察到的差异，是掌握多语的结果还是它的前兆（遗传和纵向研究可以回答这个问题）。关于大脑可塑性的研究和关于语言学习导致的大脑变化的研究表明，这两种解释都有道理。

多语者的大脑显示，语言经验的作用可能反映了单语和多语处理之间的质的差异，而不是语言知识增加的累积效应。

由于相同的神经机制可以用于语言和非语言任务，因此从语言领域的经验中获得的益处可以转化为总体经验，并影响其他过程，比如人的感知和注意力。

双语者在感官处理相关区域（如初级听觉皮层）以及执行功能相关区域（如前额叶皮层）显示出更大的脑物质密度和体积。这些身体变化的行为相关性可能是显著的，因为初级听觉皮层黑索氏回[1]的灰质增加预示着更好的言语感知，而前额叶皮层的灰质增加则与认知控制增强有关。

除了皮层功能外，大脑皮层下功能也受到多语经验的影响。皮层下区域的变化尤为瞩目，这些区域通常被认为与认知功能不相关，却是我们从最古老的共同祖先那里继承下来的大脑区域。在《美国国家科学院院刊》登载的一项研究中，研究者发现当青少年试听语音音节时，相比同龄单语者，双语者的脑干会更加强烈地对音节刺激进行编码。这种增强还与执行功能方面的优势相关。似乎有了双语经验，听觉系统在处理声音时也变得高效。这项研究为双语听觉专长带来的神经可塑性以及感官和认知功能的紧密耦合提供了证据。我们看到双语经验引起了脑干变化，它表明这种转变是全系统的，广泛影响着整个大脑网络，而不仅仅局限于语言。

---

1　黑索氏回，又称"颞横回"，是大脑外侧沟内初级听觉皮层的脑回，是颞叶的一部分。

　　关注重要的信息，忽略次要的信息，这不仅对语言处理很重要，对记忆、决策和人际关系等常规思维也很重要。掌握双语或多语对执行功能的影响虽然不一定很大，但我们在大多数相关研究中发现这种影响都具有统计学上的显著性。如果我们把大脑看作一个引擎，那么双语似乎可以提升它的里程数，使它在相同的燃料下行驶得更远。

　　这些变化对现实世界认知功能的影响尚未完全可知。我们需要有更细致入微的研究，来了解在何种情况下哪个方面的双语经验改变了哪个方面的执行功能。这也是为什么有些研究并没有发现双语者和单语者之间的实质性差异。（在有些研究中，多语者在执行功能任务上与单语者表现类似，虽然未差于单语者，但也没有表现更佳。）像自然界中的许多其他事物一样，群体之间的执行功能差异在时间长河中并非能够一直持续稳定。但对每个个体来说，我们的一生都可能是一次持续不断的学习冒险。

# 第六章

## 不同的语言，不同的灵魂

中国有贤人说："多学习一种语言，就多了一个看世界的窗口。"[1]多语者在讲另一种语言时，往往像变了个人似的。在讲英语时，我的身份角色中更多的是科学家和教授；而在讲罗马尼亚语时，我身份中女儿和亲情的方面更有可能凸显。我的身份也有一些方面是跨越语言的，最明显的就是我作为一个学习者的身份，那是我的内核。我还注意到，我对不同语言的各种行为有着不同的容忍度。在英语中，那种毫无根据的自信和傲慢比在罗马尼亚语中更令我反感，这可能是因为罗马尼亚语是我童年时期的主要语言，彼时我尚不具备评判他人（尤其是成年人）的能力，无法判断此人是真才实学还是夸夸

---

[1] 此语应出自杨绛先生，原文是"英语是看世界的窗口，多一种语言能力，就多一种可能"。但也有许多英文作者认为，这句话的更早版本出自西班牙作家。很多国家的谚语都有类似表达，难以确切考证。

其谈。（在此我特别想与大家分享摩尔多瓦作家扬·克良格的一句话：“我知道我不算聪明，但当我环顾四周，便获得了勇气。”）

当一千多名双语者被问及在使用不同语言时是否感觉像换了一个人似的，三分之二的人表示确实如此。这就好像有多种心理状态和多种版本共存在一个自我之中。

心理学中有一个公认的人格特质分类法，认为存在外倾性（Extraversion）、宜人性（Agreeableness）、开放性（Openness）、责任感（Conscientiousness）和神经质（Neuroticism）这“五大人格”（为方便记忆可缩写为OCEAN或CANOE）。双语者在母语和第二语言中获得的人格特质评分往往不同。在一系列西班牙语—英语双语者的研究中，年轻人在用英语测试时其外倾性、宜人性和责任感的得分要高于用西班牙语进行的测试。在另一项研究中，波斯语—英语双语者在用波斯语测试时的外倾性、宜人性、开放性和神经质得分比用英语测试时更高。同样，中国香港的汉英双语者在用英语测试时的外倾性、开放性和果断性[1]得分均高于用汉语进行的测试。正如水在不同的温度下有三种不同形态，人也可以在不同的语言场景下呈现出不同的自己。

一项针对汉英双语者的研究发现，被试者在用汉语回答

---

1　“果断性”为“外倾性”的一个细分指标。

问题时表现出更多群体性自我描述及更高的谦虚水平。我们通常将用不同语言进行测试产生的人格差异归因于"文化框架转换"（cultural frame switching），它是指根据不同的文化规范修正自己行为的现象。由于语言和文化是如此紧密地交织在一起，当多语者改变语言时，他们会进入不同的文化框架，用不同的心理视角看世界。

这些多语者在自我认同、态度和归因方面的跨语言差异，在儿童时期就可以观察到。甚至在双语家庭中，养育方式和亲子互动也会因语言而有所不同。在一个正在进行的、针对泰英双语者的大规模研究项目中，我们发现不管是对于母亲还是孩子，他们的互动方式都会因语言的不同而有所差异，包括玩玩具、分享书籍和回忆最近的事件。这些行为差异反映了以儿童为中心、家长构建故事—儿童参与共创的美式教育方法，与以家长为中心、家长讲故事—儿童听故事的泰式教育方法之间的文化差异，这种差异与美国和泰国文化中的个人主义与集体主义文化规范相一致。切换语言会改变一个人与家人的互动行为模式。

当我在大学里学习法语时，我的老师是一位来自布列塔尼的慷慨大方、才华横溢、魅力四射的法国女人。她让我们用法语写日记。最近翻阅日记时，我对日记传达出的想象中的法国文化和生活方式感到好笑（指的是坐在户外咖啡馆里抽烟——

真要谢谢加缪[1]了！），这与我用罗马尼亚语写的思乡日记或用英语写的有关学校和工作的日记相比，真是截然不同。

我第一个关于双语的正式研究项目是在阿拉斯加大学的一篇本科生优秀论文。在论文中，我比较了双语者在分别使用两种语言时的手势。我请俄英双语者用英语或俄语讲述《小红帽》的故事（因为这个童话故事的情节在这两种语言中非常相似）。然后，我逐段记录这些叙述的录像带，根据非言语交流研究的系统，将手势分为不同类型，并在不同语言之间进行比较。结果表明，双语者在两种语言中使用了相似的象似性手势，但使用了不同的隐喻性手势。象似性手势是指在外形上与他们所代表单词的意思相似的手势，例如将拇指和食指紧捏表明某物很小，或者在谈论射击时（比如猎人射杀狼时）用手指做出枪的样子。隐喻性手势可以表达更抽象的概念和想法，比如在表达"第二天"这个概念时可能会用到的手势，或用来描述快乐或恐惧的手势。三十年后，我们在一项针对泰英和英泰双语母亲与儿童的研究中重现了这一结果，即双语者在不同语言中的手势不同的发现。看来双语者在转换语言时不仅使用了不同的口语代码，而且改变了他们的非语言交流与身体语言。

几种机制可能会驱动语言对心理过程产生影响。

---

1　阿尔贝·加缪是法国作家、哲学家，存在主义文学代表人物。他极爱抽烟，摄影大师布列松曾拍下他叼着半截烟的经典照片。

也许最意想不到的是语言结构的差异。诸如储蓄率和退休资产管理的经济行为，以及诸如减少吸烟或安全性行为这样的健康行为，都与一国语言的句法结构有关。对多国经济与健康行为大型数据集的分析表明，与那些在语法上未对现在时和未来时进行强制性区分的语言使用者相比，对未来时进行强制性区分的语言使用者行为更少思虑未来（比如更健康的饮食习惯）。在语法上区分现在时和将来时的语言被称为"强未来时表述语言"，包括法语、希腊语、意大利语、西班牙语和英语；而在语法上对现在时与将来时不作区分的语言被称为"弱未来时表述语言"，包括汉语、爱沙尼亚语和芬兰语。那些在语法上不区分未来和现在的语言使用者更有可能做出有利于未来的行为。

似乎正是这种句法上的区别导致人们在决策时是否考量未来，不管是使用安全套的个人决策，还是国民储蓄率的社会决策。我们在视觉感知方面也发现了类似的效果。当人们看到自己面部的年龄递增图像后，更有可能进行储蓄。一些金融公司在网站上使用面部衰老成像软件，诱使用户进行更多投资——倘若我们的未来看起来近在咫尺，我们的行为就会改变。

当然，语言结构可能不是造成这种差异的原因，而是这种差异的反映。换句话说，使用何种语言结构与行为是否具有未来导向，都可能是群体间其他差异的结果，比如文化。即使在某个国家长大的双语者表现出跨语言差异，仅将其归因于语言也是不合理的，因为在一个国家内部，同一语言的使用者之间也存在着文化差异（看看加利福尼亚和佛罗里达就知道了）。

对语言介导的心理过程的第三种可能解释来自诺贝尔奖获得者心理学家丹尼尔·卡尼曼（Daniel Kahneman）所称的"框架效应"。卡尼曼认为，偏好是被构建的，我们所构建之物会受脑海中浮现的事物影响，而脑海中浮现之物又受到语言的影响。语言可以引导注意力，并强化事物的突出特征，从而影响后续的体验。除了引导注意力和强化某些特征以外，语言的切换也可以作为一种诱因。在说一种语言时，跟这种语言相关的信息总是要优先于跟其他语言相关的信息。收到语言线索提示的双语者可以引发与相关语言和文化中的知识、脚本和模式一致的思想和行为，包括社会判断和消费者决策。

一位双语作家在她的自传中描述了对婚姻和事业等重大人生决策的思考。

应该嫁给他吗？问题用英语来问——是的。

应该嫁给他吗？问题用波兰语来问——不。

……

应该成为一名钢琴家吗？问题用英语来问——

不，你成不了。你不能。

应该成为一名钢琴家吗？问题用波兰语来问——

是的，你必须。不惜一切代价。

　　虽然这一场景看起来有点极端，但一个人在不同语言之间改变自己的感受并不罕见。

　　情绪反应也会因使用母语或第二语言而有所不同。母语通常会引发更强烈的情绪反应，这可能是因为它更多是在情感丰富的背景下习得的。大多数双语者报告说，在使用非母语时，他们感觉情绪化水平更低。在心理治疗环境中，双语者更有可能转用非母语来讨论创伤或痛苦的话题。研究表明，使用外语时，言语诱发的恐惧反应会减少，并且文学作品在母语和第二语言中引起的共鸣也不同。在一项针对双语大脑的功能性神经成像研究中，阅读《哈利·波特》一书中的情感段落时，大脑的几个区域（包括参与情感处理的杏仁核）对母语阅读的反应比第二语言更强烈。人们不禁要问，巫师们究竟能不能用第二语言施咒呢？我正等待一只猫头鹰给我送来答案。

　　在使用非母语时情绪减少的模式也得到了生理证据的证实，即大脑在处理外语刺激时情感反应较少。我们在测量不同语言的情绪唤醒差异时采用的是皮肤电导反应。当神经系统被唤醒时，汗腺活动增加，皮肤电导率上升。通过手指或手掌上的两个电极就可以测量生理性唤醒时的皮肤电导率。皮肤电导率反应显示，当被试者听到或读到母语而非第二语言中带有情感色彩的词语时，皮肤电导反应更大。在西班牙语—英语双语者的实验中，当被试者的母亲被人用西班牙语（母语）辱骂时，皮肤电导反应会比用英语更强烈。因此，当你下次在国外，打算用母语而不是对方的母语侮辱某人时，请记住，你自己可能是更生气的那个。

即使是信息内容被充分理解，接受训斥、讨论痛苦的经历或阅读饱含深情的段落都可能在母语中得到更多的唤起。当艺术家卡米拉·卡贝洛在热门金曲 *Señorita* 中向肖恩·蒙德兹唱道"我喜欢你叫我 señorita"时，她表达了所有多语者都心知肚明的事情——词语在每种语言中引起的情绪强度和价值是不同的。

当然，不同的词或不同的说法可以引发不同的情绪，这是在一种语言内也存在的情况。我的一个学生请我用缩写称呼她而不要叫全名，因为她说父母只会在训斥她的时候才用全名。许多说英语的人同样会告诉你，他们知道什么时候要挨骂了，就是当父母叫他们的名字加中间名的时候。

一项针对在美国的汉英双语年轻人的研究发现，双语者在性交流中更倾向于使用英语，而在表达负面情绪时，汉语表达的情绪更为强烈。在一些语言中，人们用不同的词表达不同的爱，表示浪漫的爱是一个词，表达家庭或父母的爱是另一个词，还有别的词表达对宠物、食物或衣饰之爱。性，在不同的语言中也有不同的定义，有时在同一种语言中不同的人或群体也会有不同的定义。任何经历过20世纪90年代的人都记得比尔·克林顿总统的那句"我没有和那女人发生过性关系"，这引发了公众对什么是性的讨论。

日语中的"akikaze ga tatsu"字面翻译为"秋风开始吹"，但意思是"失恋"。Kenjataimu[1]是一个日语词，描述了"男人高潮之后可以清楚思考的那段时间，因为他的头脑中没有了性欲"。男性自慰的日语词直译为"一千次摩擦"，而女性自慰的日语词直译为"一万次摩擦"。正如人们在描述颜色或时间方面的跨语言差异一样，人们用来谈论性与爱的不同词语既反映出人们对其最亲密行为和关系的思考方式的差异，同时也促成了这种差异。

毫不奇怪，表达情感的词语通常不好翻译。冰岛语"sólviskubit"是我最喜欢的词之一，指的是不好好享受外面的好天气而产生的内疚感。当遇到芝加哥难得的好天气而我仍在电脑前面端坐，我就会想起这个词。另一个表达多维情绪的外语词是汉语里的"报复性熬夜"，指的是白日里没有办法偷闲的人拒绝早早睡下，以在深夜时光里享受一点点自由感（可能是因为不同语言文化的人在网上互动增加的缘故吧，在英语里也出现了类似的新短语叫"报复性睡前拖延症"——说的正是在下！）。还有哪些词呢？冰岛语单词

---

1　汉语中对应的翻译为"贤者时间"。

"flugviskubit"，它描述了乘飞机旅行对环境造成的负面影响所带来的羞耻感；还有日语词"mononoaware"（物哀），表示对万物的本质既悲伤又欣赏的感情；丹麦语单词"hygge"和荷兰语单词"gezellig"，都表示舒适惬意、心满意足，体验到欢乐和幸福；菲律宾他加禄语中的"gigil"一词表示忍不住想要捏一捏那些可爱得让人受不了的东西或人的冲动；德语单词"Sehnsucht"表示人类心中对莫名之物的一种不可抑制的渴望。此外还有以下种种情绪：日语中的"amae"，大意为带着一种甜蜜与天真的撒娇依赖；西太平洋岛的伊菲鲁克语中的"fago"，是一种爱与悲悯的混合体；还有印度的"lajja"，是羞耻的另一个说法。

可以说，由于多语者拥有更多的词汇来标记语言中的情绪，他们也就能体验更多的情绪。在儿童发展、人际关系和心理治疗等多个领域，用一个可以准确地标记和捕捉感受的词来描述你的感受是否会影响你的真实感受，仍然是一个有争议的话题（萨丕尔-沃尔夫难题再次出现）。关于情绪标签的研究发现，给你的感受贴标签会扰乱杏仁核对情绪刺激的反应。被要求在公开演讲前口头描述自己感受的被试者，相对于对照组显示出更少的生理激活。这表明，给我们的情绪贴上标签确实可以影响我们的感受。同时，情感可以超越语言的界限。几年前我参加了一个在中国香港举行的婚礼，结婚的是一个基本只说英语的美国男人和一个基本只说汉语的中国女人，他们日常的交流媒介是谷歌翻译。可以说，爱才是他们共同的语言。

　　除了塑造我们对世界的感受、知觉和思考，语言还塑造了我们的记忆。我是在读了《实验心理学杂志》上一篇关于童年失忆症的文章之后，才通过记忆研究（尤其是童年失忆症研究）进入了学术界并最终进入心理语言学领域。童年失忆症指的是我们无法记住生命中最初几个月或几年的事件（确切的时间范围有争议，从出生开始，持续到2～4岁，具体时间因人而异）。

　　婴儿语言发育有限，被认为是童年失忆症背后的原因之一。在最初的几年里，没有语言知识和框架来构建我们生活中的记忆，可能是导致我们无法记住它们的原因。人类的语言和生活记忆是同步发展的——两者盘根错节，相互支持。

　　乌尔里克·奈塞尔[1]那些关于认知心理学、记忆、自我、智力和视觉感知的著作影响着我的思考、写作和研究。他的《观察到的记忆》（*Memory Observed*）一书将对记忆的研究从实验室转移到了现实世界。它强调了对与日常生活息息相关的记忆进行生态性有效研究的重要性。就像奥利弗·萨克斯[2]的《错

---

1　乌尔里克·奈塞尔（Ulric Neisser），美国著名心理学家，被誉为认知心理学之父。

2　奥利弗·萨克斯（Oliver Sacks），美国经验丰富的神经病学专家，在医学和文学领域均享有盛誉。《错把妻子当帽子》用文学的笔触，描述了24位神经失序患者的神奇经历。

把妻子当帽子》（*The Man Who Mistake His Wife for a Hat*）一样，《观察到的记忆》让读者爱上了对心灵的研究。

然而，与大多数科普书籍一样，这些书纯粹从单语的视角探讨心灵与记忆。世界上一半以上使用多种语言的人的心理体验被假定为与单语者相同，知道另一门语言似乎并不改变我们的记忆与记忆中的自己。这是人类记忆研究中的一个盲点。

一个人所说的语言至少在三个方面影响着记忆。

1. 通过编码时语言的共同激活。
2. 通过依赖于语言的记忆。
3. 通过记忆中使用的标签。

多语者记忆事物第一方面的不同，是由于多语者大脑中有不止一种语言在进行共同激活。当搜寻苍蝇图片时，讲英语的人更有可能记成看到一个手电筒，因为苍蝇"fly"和手电筒"flashlight"在单词的起始部分是重叠的。而讲西班牙语的人则不大可能出现手电筒的记忆，因为苍蝇和手电筒的西班牙语单词并不重叠。我们发现，英语单词的重叠不仅影响英语使用者在听到某词时的目之所视，而且也影响他们后来的心之所记。与不相关的物品相比，具有相同形式或意义的物品之后被记得更牢。由于不同语言的单词重叠度不同，不同语言的人对同一个视觉场景的东西的记忆也会不同。同样，双语者的记忆也会受到事物名称在不同语言间重叠的影响，对于那些不仅在语言内，而且在语言间有形式重叠的物品，他们会记得更牢。当搜寻同样的苍蝇图片时，西班牙语—英语双语者可能比英语单语者更有可能记得看到一支箭，因为箭的西班牙语单词是flecha。换句话说，双语者不仅因语言重叠以不同的方式看待周围的世界，而且由于跨语言的共同激活作用，他们对所看到的东西的记忆也与单语者不同。

多语者记忆事物第二方面的不同，源自记忆具有语言依赖性这一原理。语言依赖性记忆指的是，当记忆进行编码时出现的语言在记忆检索时再次出现时，记忆变得更容易获得。

在心理学中，情绪依赖记忆和语言依赖记忆的理论表明，在任何特定的时间点，记忆的可及性取决于你所处的情绪或你所使用的语言。当你快乐时，记住快乐记忆的可能性更高；而当你悲伤时，记住悲伤记忆的可能性更高（这就是抑郁症恶性循环的原因之一）。同样对于语言，如果你使用的语言与当初事件发生时使用的语言相同，那么记住某件事的可能性也会增加。

当看到"doctor""birthday""cat""dog"等英语提示词时，俄英双语者更有可能记起讲英语时发生在自己身上的事，以及有其他讲英语的人在场的场景；而当用俄语提示同样的词语时，他们更有可能记起讲俄语时的事，和其他讲俄语的人在场的场景。当双语者用记忆发生时的语言描述自己的经历时，通常表达的情感会更加强烈。由于记忆的可及性不同，那些讲多种语言的人对自己生活的记忆是不同的，对外界信息的回忆也是不同的。语言改变了记忆的重心。双语者更有可能通过相同的语言回忆起在这一语言中发生的事件。反过来，所获取的记忆也会影响我们对自己和生活的思考，以及我们与他人的互动方式。

即使是回忆生物、化学、历史和神话等学科的知识，也会受制于学习和测试时使用的语言是否一致的影响。如果西班牙语—英语双语大学生是用西班牙语习得的知识，那么用西班牙语测试会比用英语测试时记忆更好。倘若学习这些知识时的语言是英语，那么用英语测试时他们的记忆更好。换句话说，用与学习时一致的语言进行测试时，记忆效果更好。当然，学习的最终目的是能够以脱离语境的方式获取信息（如果我们在与最初学习时语言一致、地点一致、心情一致的情况下进行测试时才更能记住这些信息，那么这些信息又有何益），而且在很大程度上，我们确实会跨越语言、背景和心情记住这些东西。然而与此同时，当我们在编码时所经历的环境在检索中恢复时，可以观察到记忆内容和记忆方式的细微变化。这就是为什么当你回到一处久未踏足之地时，那些早已忘却的记忆会向你涌来，将你吞没。语言亦是如此——当我们再次使用久未使用过的语言时，旧的记忆就会涌现。尽管在大多数日常场景下这无足轻重，但当你偶尔需要找到合适的线索来唤醒急需的记忆时，这可以使情况大为改观，而语言可能正是人们需要的线索。

在一项关于移民记忆的研究中，我们发现负面情绪词的使用比正面情绪词更为频繁，尤其是那些年龄更大才移民的人。我们还发现，双语者在他们的第二语言中使用的情绪词比他们的第一语言多。也许第二语言会让说话者与情感体验产生疏离感，所以需要使用更多情绪词来实现与母语情感的对等。

语言影响记忆的第三个方面，源自不同语言对事物标记方式的差异。例如，西班牙语用两个不同的词来指称角落，一个词表示内角（rincón），另一个词表示外角（esquina）。所以如果物品在角落处，说西班牙语的人比说英语的人更能记住展示中物品的位置，因为他们可以使用两个不同的词来表示物体相对于角落的空间关系。同样地，韩语中有两个不同的词来指代贴合，如信封和信那样紧密的贴合（kkita），以及如碗和苹果那样松散的贴合（nehta）。这种不同标签的可用性影响了我们如何精确地记住语言标签所标记的具体环境。

多语者经常会告诉你，他们记忆的可及性受到其语言中存在标签的影响。英语中只有一个表示表亲的词，而汉语中则有八个，它们可以反映出这位表亲是来自母方还是父方，是男还是女，是年长还是年少。只要从八个词里选一个合适的词，那么我们就立刻知道那些额外的信息，而对于不作这些区分的语言来说，使用者要花费更多的时间来想起和记住这些亲人。在孟加拉语等语言中，同一个词可以用来指代吃、喝，甚至是吸烟。这可能为青少年解释他们记不住谁在聚会上喝酒抽烟而提供了一个借口。

在关于罪责审判的研究中，我们可以找到多语者受到语言和记忆影响的具体案例。模拟陪审员会因为他们使用的是母语还是第二语言而做出不同的判断。例如，在使用表达可能性的情态动词如"may"与"might"时，英语母语者并不会受选词的影响。然而，非英语母语者对这种情态动词的理解却不同。当遇到诸如"The man might have dropped the bag by the bushes"（这个人可能把包掉在灌木丛里）这样的陈述时，非英语母语者认为用"may"描述事件比用"might"时事情发生的可能性更高。在使用"may"时，证人对确定性的估计明显较高，而使用"might"时则较低。

单语者的记忆其实也很容易受到标签的影响。当单语者看过一部交通事故短片后被问及片中汽车的速度，与用"碰撞"（bumped）这个词来提问相比，如果问话使用了"撞毁"（smashed）这个词，被试者会报告更高的速度。标签每天都在影响我们的记忆，广告商特别知道选择合适的词来宣传他们的产品。下次你看电视时，可以关注一下广告中药品的名字。研究表明，名字更容易发音的药品被认为更加安全，而推荐使用的剂量也更大。

　　伊丽莎白·洛夫特斯[1]开创了语言在法律环境中如何影响记忆的研究，她是研究现实世界中记忆现象的先驱。她的研究及斯蒂芬·塞奇等人的研究，对我如何看待记忆产生了重大影响——记忆是重构的和不精确的，而且语言标签会影响这些重构。当以特定的方式表达时，错误信息和引导性问题甚至会导致错误记忆的产生。

　　在洛夫特斯博士的一项经典研究中，她和她的合作者采访了人们关于记忆的内容，其中包括对没有发生的事件（比如在商场迷路）以及一些确实发生的事件的描述。他们发现，许多人不仅接受捏造的事件作为真实的记忆，还添加了他们认为自己记得的细节。我对这项研究进行了复刻，编造了一个关于开车撞狗的事件。我先向大学生家长发送了一份问卷，请他们描述孩子童年时比较深刻的记忆，并特别询问孩子童年时是否有狗或其他动物被汽车撞过。然后，我用父母提供的真实童年记忆以及插入的捏造事件，向学生们采访了他们的童年生活。和其他关于虚假记忆的研究一样，有些大学生不仅将捏造的事件接受为真实的记忆，还声称记得某些从未提供的细节（比如狗的大小、颜色或被撞的时间）。

　　对多语者来说，母语和非母语都会影响记忆。尽管人类的

1　伊丽莎白·洛夫特斯（Elizabeth Loftus），美国著名认知心理学家，人类记忆研究领域的权威专家，其研究主要集中在虚假记忆、目击者证词和法庭程序上。

记忆通常容易受到错误干扰和错误记忆的影响，但双语者是否更容易受到母语或非母语的错误记忆的困扰尚不清楚。一些研究发现，母语的错误记忆率更高，另一些研究发现第二语言的错误记忆率更高，还有一些研究发现这取决于语言熟练程度、语言相对优势、测试时的年龄以及语言习得的年龄。

然而，显而易见的是，语言对记忆可及性的影响具有许多现实意义，包括在法律案件中采访双语证人，为双语客户提供心理治疗，以及创造最佳条件来记忆某些重要的信息。洛夫特斯博士和我目前正在一个法律案件中担任专家证人，该案件涉及对一名双语者的问询——这只是现实世界中语言和记忆相互作用的诸多方式之一，这些相互作用可能对人的一生产生深远影响。

现实世界中的决策通常涉及道德考量。这就引出了一个问题：这些道德考量在第二语言中是否更为明显？

小说家厄休拉·K. 勒古恩（Ursula K. Le Guin）写过一个令人回味无穷的故事《那些离开奥梅拉斯的人》（*The Ones Who Walk Away from Omelas*）。奥梅拉斯这座城市的居民过着欢乐、富足和幸福的生活，他们不知艰难为何物，每一刻都是节庆的喜悦。直到有一天，他们每个人都知道了是什么造就了他们田园牧歌般的生活——那是用一个孩子的痛苦换来的，他孤凄无依，万般痛楚。任何帮助这个孩子的善行，无论多么微小，都会终止整个城市的幸福生活。得知真相后，一些居民选择离开奥梅拉斯，前往未知之地。

这是一个很短的故事，却带来长久的共鸣。你会怎么做呢？你会视而不见，默许这种安排，为整个城市的利益牺牲一个孩子吗？还是你会帮助这个孩子，结束他的痛苦，哪怕这意味着奥梅拉斯乌托邦的终结？抑或你也会选择离开？当这个故事用另一种语言呈现，你也被要求用另一种语言做出抉择，那么你的决定会不会改变？（这是一个有待进行的实验，但也是我们作为消费者每天都会遇到的事情，只是程度更轻微，也不那么具有戏剧性。）

在伦理学中，道义论信奉：行为的道德性应该基于行为本身的是非对错，而不是其后果。相反，功利主义指的是行动应该以多数人的利益为基础的学说。事实证明，一个人所说的语言会影响他做出道义倾向还是功利倾向的道德决策。

外语效应表明，当面临道德困境时，使用外语会产生更多的功利性决策，例如是否牺牲一个人来拯救五个人，这可能是由于外语导致心理距离[1]的增加和情感性的降低。外语的使用减少了对更注重牺牲成本的、与情感更密切相关的道义论价值观的坚持，而增加了对更注重牺牲利益的、与反省和思考更密

---

1　心理距离（psychological distance）是社会心理学术语，指人们对某一对象或现象亲近或疏远的主观感受程度。

切相关的功利主义价值观的可及性。当使用非母语时，人们更有可能做出更具社会效益的决定，即使这些决定会给他们带来内在的情绪困扰。

在道德判断、财务分配及健康医疗的选择上，使用第二语言会比使用母语更符合逻辑与理性，甚至可以抑制迷信。对多语者的多项研究表明，使用外语可以系统地改变双语者在承担风险、储蓄、消费决策、环境保护、社会认同、个性和自我构念[1]等领域的判断和偏好。

当汉英双语者做出赌博决策时，每个决策都会得到积极或消极的反馈并带来金钱上的得失（如反馈"太棒了！"并得到10美元，或者反馈"太糟了！"并罚3美元），而来自非母语的积极反馈会引发更少的赌博参与，并减少"热手效应"[2]。

使用外语也可以通过置换问题思考框架来减少偏误，1979年经典的"疾病问题"就可以证明这一点。"疾病问题"的前提设置如下：如果你什么都不做，600人将死于疾病。从这个前提开始，存在两种走向，一种以收益为框架，另一种以

---

1　自我构念（self-construal）是指个体在认识自我时，会将自我放在何种参照体系中进行认知的一种倾向。简单地说，就是个体对自己和他人的关系是如何理解的。

2　热手效应（hot hand effect）主张因为某件事发生了很多次，所以很可能再次发生——就像篮球比赛中"热手"的运动员会有更大的概率进球。它是概率谬误的一种。

损失为框架。在收益框架下，如果你选择选项一，将有200人得救；如果你选择选项二，每个人都有三分之一的机会得救，而没有人得救的可能性有三分之二。在损失框架下，如果你选择选项一，400人将死亡；如果你选择选项二，那么有三分之一的概率无人死亡，三分之二的概率全员死亡。尽管这两个问题在本质上是没有区别的，但强调潜在收益（200人获救）往往会使人们更加厌恶风险，从而更倾向于选择选项一所承诺的结果。这种情绪驱动的偏误在使用外语的情况下会减少，无论问题如何呈现，都会导致更一致的风险偏好。换句话说，在使用外语的情况下，人们的偏好较少受到问题思考框架的影响。

一般来说，在外语中接触那些创新但可能令人嫌恶的产品（如喝循环水或吃昆虫食品），会被认为不那么恶心。在双语者用第二语言判断核能、杀虫剂、化肥和纳米技术的风险和益处时，也会将这些评估为风险更小、益处更大。同样，当用第二语言提问时，与用母语提问相比，双语者更有可能回答愿意饮用经认证的安全循环水。

即使是医疗决定，如接受预防性护理（如接种疫苗）和治疗（如手术）的可能性，也因问答是用母语还是第二语言而有所不同。从移民家庭到外籍医生，全世界数以百万计的医疗行业从业人员和病人都在使用母语和非母语的组合做出医疗保健决定。在美国，大约有30%的医生是移民，与数百万外国出生的护士、技术人员和助手一起工作。再加上世界各地数以百万计的使用母语以外的语言生活的多语者，很明显，重要的决定，如关于我们身心健康的决定，通常是在使用外语时做出的。

当双语者被要求用母语或非母语来评估一系列的医疗场景时，使用外语会降低对疾病症状和治疗副作用严重性的感知，并提高对个人风险概率信息的敏感性。在第二语言中，医疗状况被认为更容易治愈，身体感知的疼痛更少，情感上的痛苦也更少。使用第二语言还能提高对预防保健的成本和收益的敏感性，并提高对试验性治疗的接受程度。

使用母语还是外语，能够改变人们对接受和拒绝预防性治疗的后果的评价，这对数百万经常使用非母语进行医疗决策的医疗机构和患者来说有重要的意义。外语的使用与接触可以系统地改变我们解读健康信息的方式，对个人和公共健康产生着重大影响。

"我的语言即我的觉醒"——这句毛利谚语来自新西兰土著波利尼西亚人。我们是谁，我们相信什么，喜好什么，以及我们如何投票，都会受到语言的影响——当我们用此种或彼种语言时，我们会变成不一样的我。这是因为每种语言都关联着不同的体验、记忆、情感和意义，不同语言的可及性也不同。因此当我们用不同的语言时，自我的不同方面便凸显出来了。

第二部分

# 社　会

因为去年的话属于去年的语言，
而来年的话还在等待另一种语调。

——T. S. 艾略特，《四个四重奏》

# 第七章

## 终极影响者

当我的孩子们约莫两岁的时候，我常常让家人、朋友、其他家长，或者哪怕是偶然听到我与我的小孩们交谈的路人感到惊讶不已。事情是这样的——

"4减2是多少？"我问。

"2。"他们答。

"81除以9是多少？"我问。

"9。"他们答。

"745乘以0是多少？"我问。

"0。"他们答。

"最后一个成为美国其中一个州的地方是哪里，阿拉斯加还是夏威夷？"

"夏威夷。"

"谁是美国第二任总统，杰斐逊还是亚当斯？"

"亚当斯。"

诸如此类，从数学到政治，从物理到体育，似乎我的孩子对任何话题都无所不知，无所不晓。没有一次不是如此。

我的每个孩子都是小天才吗？其实他们并不比同年龄的其他孩子更加聪明。唯一不同的是，他们的妈妈正在研究并教授语言发展方面的课程，这意味着我能够利用我对语言的了解来指引孩子们，以获得我想要的答案。你可能已经注意到，这些问题和答案都是有套路的。

孩子给出的答案总是选项列表中最后一个词。这种策略根本无须教授。在语言发展的某个阶段，孩子们在遇到选择时，会重复他们听到的最后一个词。对他们来说，这种重复是词汇学习过程的一部分。世界各地的许多父母都注意到了这一点，却没有把语言发展融入孩子的养育过程。对于忙碌的父母来说，如果知道孩子会选择最后一个选项（即使只是在他们生命中短暂的一段时间），就可以在忙碌的早晨或疲惫的夜晚让孩子依他们的心愿行事，让孩子穿该穿的衣服，吃该吃的食物，做该做的活动。有机会可以找个正在学步的幼儿一起试试，甚至可以做成视频上传到 TikTok[1]。

语言影响我们的选择并不奇怪，但这种影响不仅仅关乎我们自己的生活。本书的第一部分考虑了语言对个人的影响，而

---

1 TikTok 是抖音国际版，也是目前世界上最具影响力的短视频社交平台之一。

第二部分则从更广泛的社会背景出发，对语言进行更充分的探究。我们使用的语言不仅影响着我们的大脑、身体、思想与感情，语言本身、语言多样性以及多语制对社会结构和功能的影响也深入骨髓。从国家政治，到历史的书写者，再到科学进步和发现，你会发现语言的力量无处不在。

就像我用我的语言发展知识让孩子们吃他们不爱吃的蔬菜，或者让一个爱偷听的好事者感到震惊一样，那些政客、政治评论员及美国两党的其他公众人物也使用语言来说服（抑或我应该用"操纵"一词？）他们的观众。

还记得共和党布什政府开始将"遗产税"称为"死亡税"[1]，将放宽的排放标准称为"净空倡议"，将石油开采称为"负责任的能源勘探"，将伐木称为"健康森林倡议"吗？或者民主党拜登政府将移民的称谓从"非法"改为"非登记在册"，从"外国人"改成"非本国公民"或"移居者"吗？正如当你听到"生命权"和"选择权"时你会觉得这是两回事，你也更有可能投票反对"死亡税"而不是"遗产税"——一个让人想到的是在悲痛时期征税，另一个是对富人征税。而这不是美国独有的现象。在国际媒体中，"清空天空"与"击落飞

---

1 "死亡税"是共和党在美国联邦遗产税问题上使用的一个词语。布什所在的共和党认为，遗产税对富人不公平，因此将其称为"死亡税"。民主党则认为遗产税是保障社会公平的一种手段。在美国政治中，遗产税问题一直是两党的争议焦点之一。

机"意义一样，却会引起听众截然不同的反应。

遍观世界各国，无论是民主国家还是专制国家，词语的选用和新标签的创造不是因为它们恰到好处地反映了它们的内容，而是为了改变人们对它们所代表的东西的看法。苏联当时最著名的两份报纸，一份是《消息报》（*Izvestia*，意为"新闻"），一份是《真理报》（*Pravda*，意为"真相"），关于苏联新闻宣传的老笑话是"《真理报》没有真理，《消息报》没有消息"。

在乔治·奥威尔（George Orwell）的反乌托邦小说《1984》中，极权主义政权创造了"新语"（Newspeak）——作为控制大洋国民众、压制自我表达和自由意志等颠覆性思想的机制——其思路是，如果没有语言来表达这些思想，那么这些思想本身将不复存在。

> 新语的目的不仅是为英社[1]信徒的世界观和心理习惯提供一个表达媒介，而且是否决所有其他的思想模式……一个以新语为唯一语言长大的人，将不再会知道"平等"曾经指代"政治平等"，也不会知道"自由"曾经指代"心灵自由"，就像一个从未听

---

1　英社（Ingsoc，英国社会主义的新语），为《1984》中大洋国的极权主义政府所秉持的意识形态。

说过国际象棋的人不会知道"后"和"车"到底为何意。许多罪行和错误他根本无法犯下，只因为它们连个名字都没有，所以也就无从想象。

不仅有艺术模仿生活，生活似乎也在模仿艺术，比如奥威尔的小说。

2018年冬奥会期间，当朝鲜和韩国的运动员组成联合奥运队时，他们发现彼此之间很难交流，尽管表面上讲的是相同的语言。这是因为在两国分裂后，有许多继续在韩国使用的词汇，被朝鲜政权禁用了（比如基于英语或其他外语的词汇），取而代之的是一些朝鲜原创词，导致了在某种程度上韩国人和朝鲜人有时需要字典来进行交流。

在另一项全国性的"语言实验"中，苏联当局将苏联摩尔多瓦社会主义共和国的字母表从拉丁字母改为西里尔字母。本来摩尔多瓦西部罗马尼亚族使用的是拉丁语字母，摩尔多瓦东部俄罗斯族使用的西里尔字母。东南小国摩尔多瓦的人口主要由罗马尼亚族人组成，几十年来，他们被迫使用着与他们的母语不相匹配的字母表。罗马尼亚语是一种罗曼语，是现存语言中最接近古拉丁语的语言，因此它使用的是拉丁字母。苏联之所以有如此操作，目的是加强摩尔多瓦人对俄罗斯和苏联的认同，并在民族认同感上使之与罗马尼亚及西方保持距离。

正如个体的自我会受语言的影响一样，民族认同感也可以由语言塑造。语言引导着文化、民俗、信仰体系、价值观、历史以及群体认同。这就是为什么在历史的不同时期，某些国家会阻止某些群体或整个国家使用他们的母语，而将一种不同的语言强加于他们。这种情况在南北美洲、欧洲、亚洲和大洋洲都有发生，并且今天仍在一些地缘政治区域存在着。大多数人都把目光聚焦于经济、政治和身体上的统治，但通过语言的统治才切中了一个国家和人民的要害，这正是因为语言和思想是如此紧密相连。不仅禁止某些词汇，而且禁止整门语言，就是等于禁止了某种世界上存在与思维的方式。

像朝鲜和苏联那样影响数百万人的国家层面的语言实验着实不太常见。更常见的是，为了政治目的，语言被以更微妙的方式修改。给予新的语言标签不是唯一使用的策略。就像儿童会重复最后一个词一样，成年人也会受到物品呈现顺序的影响。例如，记忆中的首因效应与近因效应表明，列表中的第一项和最后一项相比中间项更容易被记住。

另一种技巧是头韵，指的是在相邻或相连单词的开头使用相同的字母或读音，如"Build Back Better Budget"（构建更好预算）或"Save Social Security First!"（社会保障优先！），以表达更突出、更难忘的信息。转喻是另一种用来操纵公众舆论的手段，它指的是用相关属性或附属物来替代某物的名称，如用白宫代替美国政府的行政部门，用华尔街代替金融系统。代词的使用（比如用"我们"还是用"他们"）、隐喻和类比，也是语言中可以用来谋求支持、制造选择错觉以及分裂或团结人们的方式。让我们再次引用乔治·奥威尔的话，这一次是引自一篇文章："政治语言……是为了让谎言听起来真实，让谋杀变得可敬，让空穴来风看起来牢不可摧。"

政治家们经常使用代词进行操纵。使用代词"我们"与使用"他们"相比，更侧重于差异性而不是相似性，强调了不同人群之间的区别。这种分而治之的手段并不新鲜。恺撒和拿破仑·波拿巴都曾使用过这种方法；作为一种军事战略，它甚至比罗马帝国还要早。虽然对恺撒和拿破仑来说，胜利意味着征服其他领土，但在同一国家政治格局中，胜利需要重新定义。

谈及多语性则不可避免地涉及人称包括性（clusivity）这一语言概念。因为语言的人称包括性不同，所以不同语言的使用者对代词的处理方式不同。简单来讲，人称包括性是指人称代词"我们"（相对于"你们"）是否包括你正在与之交谈的这个人。在某些语言中，当我和你交谈时，你和我是"我们"的一部分，而其他人则不是。在其他语言中，我和其他人是"我们"的一部分，但你们不是。这个区别相当有趣，当政治家在说"我们"的时候，听众会不会站在政治家的立场上，可能会根据语言而不同。英语并不是一种具有人称包括性区别的语言。具有人称包括性的语言有汉语、越南语、马来语、古吉拉特语、旁遮普语、他加禄语、马拉雅拉姆语、泰米尔语、夏威夷语等。政治家们在向使用这些语言的选民讲话时，得明确这个"我们"是需要包含听众还是排除听众，才能进行有效的表词达意。

政客们会根据他们的听众来调整他们的讲话方式。面对黑种人听众和白种人听众，奥巴马讲话的方式会有所不同。现任美国副总统卡玛拉·哈里斯在民主党初选辩论中也同样依赖微妙的语言变化，包括非裔美式英语语音、词态和语调等方面来反映她的立场。

许多政治人物精通多种语言或方言，并将它们用在政治舞台上。

在一次最著名的冷战演讲中，约翰·肯尼迪总统曾说过一句名言"Ich bin ein Berliner"，意思是"我是一名柏林人"，以表示对柏林人民的声援，并表明美国与西欧的联盟及其反对建造柏林墙的立场。当时这句话之所以如此有力，是因为这句话是在英语演讲时用德语说出的。大多数德国公民，无论长幼，都对这句话耳熟能详，而这一历史性时刻也被载入了欧洲许多国家的教科书之中。

肯尼迪凭直觉理解的是，当天在西柏林，使用他所面对的人的语言比他使用英语更有分量，更容易引起听众的共鸣。像许多给人深刻印象的公共演说家一样，肯尼迪认识到语言不仅影响我们的大脑，也影响我们的心灵，而这一点通过心理语言学研究变得越来越清晰。

几十年后，在乌克兰战争期间，乌克兰总统弗拉基米

尔·泽连斯基在演讲中无缝切换乌克兰语和俄语，在向乌克兰
人民讲话时使用乌克兰语，在向俄罗斯人民呼吁时使用俄语。
他在部分演讲和对英语媒体和决策者的采访中使用了英语，并
在向其他国家的听众讲话时加入其他语言的词汇。

　　马德琳·奥尔布赖特是首位担任美国国务卿的女性，她
会说英语、捷克语、法语和俄语。前国务卿康多莉扎·赖斯会
讲英语和俄语。前佛罗里达州州长杰布·布什能说流利的英
语和西班牙语。即使是那些并没有那么精通另一种语言的人，
在有大量讲该语言的选民社区演讲时，也会用其他语言发表
部分演讲。但是，如果这些针对语言的政治信息传递被认为是
不真诚的或是故意迎合的，那么效果也会适得其反。在美国，
当目标群体是西班牙裔选民或消费者时，甚至有个术语叫作
"hispandering"（hispanic＋pandering，"西班牙裔的"＋"迎
合"的合成词）。

　　美国以西班牙语为目标的政治运动往往会增加西班牙语
使用者的支持，但会减少讲英语的白种人的支持。一项关于共
和党选民对一位西英双语白种人候选人的态度调查发现，使用
西班牙语在拉丁裔选民中更为有利，但在盎格鲁选民（得克萨
斯州除外）中则恰恰相反。当政治文章有西班牙语版本时也观
察到类似的效果，即在拉丁裔中得到更多支持，但在非拉丁裔
白种人中得到的支持更少。

　　语言在政治中的作用显而易见，但政治家并不是唯一利用

语言来操纵决策的人。广告商被雇佣以帮助企业寻找最佳的文字组合，让我们为买得起或者买不起的商品支付最高价格。

当向多语者做广告时，用母语表述广告口号往往比第二语言更具情感。在一项研究中，当为销售的商品定价时，使用外语会导致对该商品的所有权感减弱。西班牙裔美国人对西班牙语和英语产品广告的好感度，取决于他们认为其他美国人对西班牙语使用者的好感程度。对于那些认为广告存在负面文化刻板印象的人来说，用西班牙语适得其反。广告语言的有效性似乎也因所宣传的产品而异。因为在美国，西班牙语经常与家庭生活联系在一起，英语则与工作和政府联系在一起。因此，在与家庭有关的广告中使用西班牙语会得到更积极的评价，而在与工作有关的广告中使用英语时得到的评价更为积极。同样，印度的奢侈品广告（如巧克力）用英语比印地语效果更好，而必需品广告（如洗涤剂）用印地语则更为有效。广告商是谁对效果也会产生影响，相比本地公司或品牌，广告语言的选择对跨国公司来说更为重要。

当同一产品面向不同的消费者时，广告的语言往往会有所不同。同样是薯片广告，针对不同社会经济地位的消费者，广告用语也不一样。针对上流阶层，广告语言会强调食物是纯天然的、未经加工的、不含人工成分的；而针对工薪阶层，广告会根植于家庭美食氛围，并在一派美式风光中呈现产品。昂贵零食的广告相比廉价零食会使用更复杂的语言；前者的语言水平为十至十一年级，而后者的水平则约为八年级。更为普遍的是，对食品广告用语的研究显示，昂贵食品的广告侧重于产品不包含的成分（比如脂肪更少，没有人工添加物，从未做过动物测试），而相对便宜的食品的广告语言则侧重于产品包含的成分（如增量30%，分量更大）。产品描述中排他性语言的目的是引发消费者的排他性情绪。

多语经验也可以使人们不那么容易受到语言操控。挪威的一项研究发现，双语者比单语者更善于察觉操纵性的语言。当出现故意出错的句子时，比如"去过伦敦的人比我多"（More people have been to London than I have）和"完成学业的人比他多"（More men have finished school than he has），双语者会比单语者更精准地发现谬误并拒绝此类陈述。该研究作者认为，双语者能够更好地发挥自上而下的认知控制过程，来抑制直觉答案，并用推理检测语言中的误导。

语言在政治和广告中的影响是如此之大，以至于同一个人在使用不同语言时甚至可以持有不同的政治信仰。当多语者改变语言时，他们常常在保守主义与自由主义量表上得到不同的分数。语言可以让他们改变自己的政治观点，从而更广泛地影响他们的投票方式、消费者行为和社会关系。

一项针对英语—西班牙语和西班牙语—英语双语者的研究发现，用第二语言发表的政治言论（比如某位总统的支持者是否为种族主义者）比用第一语言引发的情绪要少，而情绪性的降低抵消了冒犯行为。更普遍地，在判断道德过失时，使用外语时引起的极端情绪更少。在另一项针对双语者的研究中，在阅读了一篇文章和相应在线评论后，相比于言辞不文明的评论，使用母语的人更容易被文明有礼的评论说服，而当人们使用第二语言时，评论的文明程度影响较小。同样，用第二语言发出的政治倾向信号对人们的影响也不如用母语发出的信号有效。当使用母语时，双语者更有可能选择妥协，更慎重而不偏激，并推迟做出决定。

广告商的文案、演讲、电视和电影剧本、小说，甚至非虚构类书籍，或多或少都是为了引发人们的情感反应。早在社交媒体把我们的思想压缩成一条一条的推特之前，就有杜撰的微小说故事仅用寥寥数语抓住了人心："低价转，婴儿鞋，未穿过。"[1]如何用最少的字形成最大的冲击力，是许多营销团队广告宣传战略会议的主题。简化主义并不是推特的产物。在互联网还没有盛行的时代有一句朗朗上口的话："如果我有更多的时间，我会写一封更短的信。"

我对语言的着迷，部分是因为出生的偶然（我出生在一个罗马尼亚人占多数的家庭），部分是因为历史遗留问题（俄语

---

1　英文原文为六个单词："For sale, baby shoes, never worn."被认为是海明威所作，其风格是电报文风格。此类微小说亦被称为flash fiction。

是我出生地的官方语言），部分是因为学校教育的副产品（我念书的学校英语是必修课），部分是因为地理上的巧合（与乌克兰接壤，在黑海消夏），部分是因为我热爱阅读（我从小最喜欢的作家是法国人）。我曾经还很喜欢听一个关于词语如何随时间变迁的广播节目。

你知道吗，"jiffy"（瞬间[1]）是一个实际的时间单位，相当于百分之一秒。不同语言中各种词语的词源趣味无穷。词源学（etymology）指的是对词语的起源以及它们的含义随时间变化的研究。可不要与昆虫学（entomology）混淆，后者是研究昆虫的科学——正如有个书呆子笑话[2]说，那些分不清词源学和昆虫学的人以他们无法用语言表达的方式烦扰着语言学家。

没有一种语言是静态的。每年都有新词加入词典中，也有词语因过时而被移除。下面以《圣经·诗篇》第23篇为例，说明英语在短短1000年的时间里是如何变化的。

### 现代扩展版《圣经》（2011年）

The Lord is my shepherd; I have everything I need.

---

1  在汉语里，瞬间也是一个实际的时间单位，但和jiffy的时间单位不同。而无论是"jiffy"还是"瞬间"，在日常使用时都用于表达"非常短的时间"，并不做实际时间单位考量。
2  书呆子笑话（nerdy joke）是指那些需要有点知识背景才能看得懂的笑话。此处为一双关笑话，"烦扰语言学家"中的"烦扰"用了"bug"一词，而同时它又是"虫子"的意思。

He lets me rest in green pastures.

He leads me to calm water.

耶和华是我的牧者；一切我都有了。

他让我在青草地上休憩，他引领我到平静的水边。

### 詹姆斯国王钦定版《圣经》（1611年）

The Lord is my shepherd. I shall not want.

He maketh me to lie down in green pastures.

He leadeth me beside the still waters.

耶和华是我的牧者。我必不至缺乏。

他使我躺卧在青草地上，领我在可安歇的水边。

### 中古英语（1100年至1500年）

Our Lord gouerneth me and nothyng shall defailen to me.

In the sted of pastur he sett me ther.

He norissed me upon water of fyllyng.

我们的主庇护我，吾无所缺。

他将我安置于牧草丛中，以丰足的水滋养我。

### 古英语（800年至1066年）

Drihten me raet ne byth me nanes godes wan.

And he me geset on swythe good feohland.

And fedde me be waetera stathum.

主指引我，让我不缺好物。

他置我于沃土之上，于水岸边喂养我。

尽管每一代人都认为自己第一个以某种特定方式改变语言，或第一个发明出一种新的语言标记方式，但有时看起来新的东西只不过是新瓶装旧酒而已。或者，正如法国人所说："plus ça change, plus c'est la même chose."（凡事愈变，就愈不变。）让我们来看看"死"这一词的新义，如今的年轻人在网上广泛使用这个词，有时是以表情符或表情包的形式，表达极其、非常、绝对（比如 she's dead beautiful / 她漂亮死了）或非常有趣（比如 so much so that they've died laughing / 以至于他们笑死了）。在手机一代开始使用它来表达他们对某事感受的几百年前，他们的先人在17世纪60年代就开始以类似的方式使用"smite"一词。Smite，本意为用"猛烈的打击"杀死或严重伤害某人，后来被用来表达被某人深深吸引和迷住的感觉。

即使在同一种语言中，人们在家里和在工作中使用的词汇、说话的方式也并不相同，或者说，与祖父母交流和与同事交流是有差别的，在词汇和语气上都会有所变化。语言学家把一种语言内的这些变体称为语域，而大多数人都有许多语域可供使用，可根据需要选用不同语域。如果你与一个婴儿交流，你将会使用婴儿指向性语域（infant-directed speech register），你会拉长元音，提高音调，使词的轮廓和断句更加清晰，以帮助婴儿学习。

语言的可变性本身带有很多有意义的信息。它可以传达社会地位、身份和隶属关系。在言语共同体[1]中，语言变异是一种常态。例如，社会方言（sociolects）就是一种语言变体，可以表明社会群体和社会阶层的归属。

你可能读过萧伯纳的《皮格马利翁》，也可能看过这部剧的演出。这部作品被改编成音乐电影《窈窕淑女》，由奥黛丽·赫本饰演的年轻女子成为两位语言学家之间打赌的对象。语音学教授亨利·希金斯声称，他可以通过改变人们的言语模式来改变他们表面上的社会阶层和生活环境。在上完他的语言课后，这名年轻女子从操有浓重伦敦土腔的粗俗丫头转变为谈吐像社会名流的窈窕淑女，整个影片交织着音乐旋律与浪漫故事。

通过修正言语模式来改变他人看法这样的事不仅仅是电影故事而已。尽管通过改变说话方式以符合狭隘的社会刻板印象本身存在一定伦理问题，但口音矫正仍是语言治疗师最有利可图的服务之一。不同于为患有语言障碍的儿童或只享受最低

---

1　言语共同体（speech communities）指的是所有使用某种语言或方言的人的总和。其特点是通过一些共有的语词符号而有规律地、频繁地相互作用，依靠语言运用上的重大差异与其他类似的集体区别开来。

医疗与社会保障的中风者提供临床医疗服务，口音矫正服务通常需要商人、媒体与娱乐圈人士，以及任何想要进行此类学习的人自掏腰包。请勿过于严厉地评判你认为可能存在的虚荣心，需明白一个人的言谈方式会影响就业机会、社会关系及生活是否圆满。人们通常有意识或无意识地通过言语模式来评判他人。通过口音来分析一个人确有其事。如果一个人的口音听上去是某种语言、方言或某种社会群体语言，那就有可能会引发偏见，甚至导致歧视。

在20世纪60年代之前的研究基本上忽略了言语中的变化，认为这种变化比较任意，且微不足道。尽管也研究了一些变化（如区域性变化），但由于当时大多数语言学家都是白种人，发生于其他社会群体的很多变化都被忽略了。20世纪60年代，语言学家威廉·拉波夫（William Labov）开始使用新的方法，表明这些变化不是任意的，而是具有社会意义的，可视为是否属于某一群体的标志。今天，整个社会语言学领域都在研究语言的变化及其社会基础。

许多研究语言变化的社会语言学实验都相当巧妙。在一项著名的实地研究中，纽约市几家商店的售货员被问及位于四楼的某个产品的位置，以比较"四楼"这个词的发音情况。售货员的发音因百货公司的价格高低而异。在最便宜的一家为工人阶级服务的商店（S. Klein）里，售货员倾向于不发fourth floor中的两个r音（读成fou'th floo'）。在为上流社会服务的最昂贵的商店（Sacks）里，售货员始终都把两个r的音发全了。而在为中产阶级服务的商店（Macy's）里，售货员的发音各不相同，其中许多人只发一个r音。这个研究显示了在现实世界中基于社会阶层的语言的差异和相似性。此后的其他社会语言学研究也揭示了基于地区、性取向、政治意识形态、年龄和其他类别的语言系统性差异。

除了反映社会阶层之外，发音还可以反映态度。玛莎葡萄园是马萨诸塞州科德角附近的一个岛屿，其居民使用的言语方式表明了他们对该岛的归属感。对该岛有积极归属感并打算留下的居民在说话时会升高元音。（元音的"高度"指的是元音产生时舌头的大致位置。说话者在说元音时，如light中的/ai/和house中的/au/，舌头位置是不同的。）有负面归属感并想离开岛屿的居民在他们的讲话中元音升高的情况较少。而持中立态度、没有强烈观点的居民元音升高情况介于两者之间。另外，一个人越想让自己区别于他人，元音升高的幅度就越大。此项研究被称为玛莎葡萄园研究。

有很多例子显示了元音特性变化对群体身份的反映。比如"北方城市元音转换"（Northern Cities Vowel Shift）是指美国内陆北方方言区特有的元音的一系列转换，明尼苏达州口音就是这样。一般认为"北方城市元音转换"始于20世纪30年代，以/ay/音略有升高为特征。随着时间的推移，社会学习进一步推动了其他元音的转换，形成了区域性的意义模式。许多电影和电视节目都利用这种元音转换来营造一种独特的听觉质地，同时激活听众的文化框架（参见电影《冰雪暴》或同名电视剧）。

语言变化的模式告诉我们，语言的变化看似随机，事实却并非如此。群体中形成的发声差异，建立并标记了一种归属关系。同时，语言的多变性经常导致在"需要被认同为某个群体的一员"和"不想被归类与框定"之间产生冲突。尽管存在着明确的语言群体，但许多人并不能界限分明地归属于某一群体，而是能够根据需要在它们之间切换。由于语言可以成为偏见和歧视的源头，研究不同语言群体的言语模式可以深入了解社会问题和社会结构。

语言在激活刻板印象方面非常有效。在一项研究中，双语的阿拉伯裔以色列人接受了阿拉伯语和希伯来语的内隐联想测试。被试者在使用阿拉伯语时比使用希伯来语时对犹太人有更多的隐性偏见。在另一项研究中，阿拉伯语—法语双语者在用阿拉伯语测试时比用法语测试时表现出更亲摩洛哥的态度。同样，西班牙语—英语双语者在用西班牙语测试时比用英语测试时表现出更亲西班牙的态度。这些关于刻板印象激活的研究表明，态度受到其表达的语言影响，会随语言中所蕴含的文化价值观发生变化。

同一个词可以承载不同的文化内涵。当有人说"你不需要带任何东西"时，这句话在不同的文化中含义不同。如果邀请者是来自东欧或亚洲，那么通常的习俗是给主人带一份礼物，无论礼物多小。对于婚礼、周年纪念日和重要的生日，隐含的期望是，客人将贡献至少相当于主人为客人支出的价值，无论是礼物、礼金，还是某些特别安排的活动、旅行或娱乐的费用。另一方面，如果北美人希望你带点礼物，他们要么建立一个礼物登记册，要么直接告诉你带什么，甚至可能以百乐餐的形式举办活动（在某些文化中，在如此特殊的庆贺场合还要自己带食物简直闻所未闻）。有些文化倾向于直接请求，认为间接期望令人困惑且不明确，而其他文化则认为直接请求是不礼貌的，间接请求是常态。这种直接请求与间接请求的差异取决于文化对社会凝聚力与和谐关系的重视程度，以及他们对礼貌的定义。

日本文化尤以语言中的间接请求和隐性文化规范而闻名。短语"kuuki wo yomu"，字面意思是"读懂气氛"，指根据气氛和别人的脸色做出合适的反应，类似于英语中的"read the room"，只是含义要更浓重一些。在日本文化中，"读懂气氛"是非常重要的，因为人们往往不能根据话语的字面意思来判断其真正含义。一些谈判课程甚至教导说，日本人说的"也许"很可能相当于英语的"绝对不行"。

在一些国家，比如摩尔多瓦，当你被邀请参加某个婚礼，从美国远渡重洋抵达后，你很可能会发现主人会在婚礼前后帮你安排食宿，当然也会让你参加婚礼仪式、婚宴和聚会。而在荷兰，被邀请参加婚礼只意味着参加仪式本身，而不包括婚宴和宴后聚会，因为被邀请参加婚宴和聚会，与被邀请参加婚礼仪式是两回事。

在参加过许多国家、不同语言和文化的婚礼后，我了解到，婚礼邀请函虽然乍一看措辞相似，甚至可能使用相同的语言，但其含义可能非常不同。中国的婚礼邀请函通常包含了所有的婚礼活动，包括仪式、婚宴、聚会，而不仅仅是其中的某项活动。而在美国，婚礼邀请函通常分别说明婚礼仪式与庆祝活动的时间，只邀请宾客参加仪式而不参加庆祝活动是不常见的。即使邀请函是英文的，其含义也往往有所不同。

以上例子说明，某些陈述与表达的确切含义受到了文化规范制约。虽然乍一看似乎很抽象，但这些差异直接影响到人际关系。在我的实验室里，根据不同年份小组成员的文化背景，使用直接请求还是间接请求的总体环境有很大的不同。对于20年前的以欧洲学生（乌克兰、德国、俄罗斯）为主的小组，10年前以美国学生（东海岸和中西部）为主的小组，以及现在以亚洲学生（中国、日本、泰国）为主的小组，在指导学生以及管理和监督项目时，需要不同的人际交往技巧。

将语言多样性纳入考量，以及弥合不同语言和文化之间隔阂的需要，与我们的人际关系、工作和社会体系息息相关。随着技术应用的增加，不同语言使用者之间的互动变得越发容易，也愈加普遍。仅须意识到一个人或一群人对事物的不同看法的部分原因是其母语造成的，我们就应该增进对跨语言和跨文化交流的努力及思考。

英语被认为是空域的官方语言。国际航空语言为英语，无论出身或母语如何，所有飞行员在飞行时必须以英语表明身份，并且必须具备国际民用航空组织规定的英语听说能力。

西奥多·罗斯福总统曾宣称，"我们这里只容得下一种语言，那就是英语"，"我们必须拥有语言，且只拥有一种语言。那必须是独立宣言的语言、华盛顿告别演说的语言、林肯葛底斯堡演说以及第二次就职演说的语言"。

然而，开国元勋们并不赞成美国只使用一种官方语言。托马斯·杰斐逊强烈反对只使用一种官方语言。美国是一个移民国家，除去许多北美原住民所说的语言不谈，人们不仅会说英语，还会说荷兰语、法语和德语。事实上，大多数美国总统都是双语或多语者。约翰·昆西·亚当斯总统、托马斯·杰斐逊总统、詹姆斯·加菲尔德总统和切斯特·阿瑟总统都知道几种现代语言和古代语言。而马丁·范布伦总统和第一夫人梅拉尼娅·特朗普的母语甚至不是英语。马丁·范布伦的母语是荷兰语，而梅拉尼娅·特朗普的母语是斯洛文尼亚语。第一夫人格蕾丝·柯立芝懂美式手语，她曾担任聋哑学生的老师。

美国也是许多方言的发源地。语言种类的变化是连续的，并非界限分明，往往是不同语言使用者之间的接触造成的。何为方言？何为语言？它们之间的界限总有些武断。语言学家马克斯·魏因赖希（Max Weinreich）半开玩笑地定义说"语言就是一种拥有陆军和海军的方言"，这也不能说完全错误。语言和方言之间的区别很大程度上是政治问题。国家和政府通常根据一个地区的社会政治动态，以及它对国家身份、政策和教育的影响，区分哪种算独立的语言、哪种算另一种语言的方言。这有时甚至会导致方言之间的差异大过语言之间的差异。

在苏联，苏联当局宣称摩尔多瓦语不同于罗马尼亚语，是一种独立的语言，尽管语言学家会告诉你摩尔多瓦语是罗马尼亚语的一种方言（准确地说叫达哥罗马尼亚语）。摩尔多瓦语与特兰西瓦尼亚语、瓦拉几亚语及其他罗马尼亚方言一样，都不是独立的语言。要说它们是独立的语言，还不如说讲罗马尼亚语的吸血鬼真实存在呢[1]。同时，俄罗斯政府会让你相信乌克兰语与俄语、乌克兰民族和俄罗斯民族无甚差别，尽管相比于摩尔多瓦语和罗马尼亚语，乌克兰语和俄语之间差异更大。换言之，摩尔多瓦语和乌克兰语的地位和民族身份是由不同的标准确定的，它们也不植根于语言学、人种学或历史。相反，它们是由意识形态决定的。语言和方言在世界各地一直被严重政治化，并被用来煽动或压制民族运动及民族认同。

在美国，有一种方言常常激起愤怒之情并引发激烈的争

---

1 传说中罗马尼亚的瓦拉几亚大公国是吸血鬼的故乡。

论，这种方言就是非裔美式英语，或称非裔美式方言、非裔美式英语方言、非裔美式语言、黑种人英语和乌语（Ebonics[1]），尽管许多人认为最后一个术语具有冒犯性，其他术语也因各种原因令人不快。

在今天的美国，占人口13%的非裔中有很多（尽管并非所有人）讲的是非裔美式英语（AAE），此外也有很多多种族人士讲非裔美式英语。尽管在地理区域、年龄、收入、职业和教育程度上有所不同，但在美国范围内大多数非裔美国人的英语出奇地统一。不论是在纽约、芝加哥还是洛杉矶，它都是有规则可循的，并遵循基本相同的模式。

鉴于语言、身份和认知这三者紧密相连，看到美国非裔美国人所说的通用语继续受到负面偏见的困扰，真是令人沮丧。语言研究者知道，非裔美式英语并非蹩脚或较差的英语。对比标准美国英语，它的许多语法和语音结构借用了西非语言中存在的模式。

要了解非裔美式英语为什么有它自己的语言模式，得先来了解一下它的历史。来自非洲不同国家和地区的被奴役者有时会发现，他们同在一个种植园里却没有共同的语言。人类相互

---

1　Ebonics是ebony（黑色）和phonics（拼读法）的合成词，该词于1973年由一群黑种人学者在罗伯特·威廉姆斯组织的黑种人儿童认知和语言发展会议上提出，并在《乌语：黑种人的真实语言》一书中发表。1996年，加州一所学校承认它是大多数非裔美国学生的主要语言，并决定在教学时将其纳入考虑，从而引起巨大争议。

交流的需求是强大的，这导致了语言系统的演化，这种语言系统不仅受到种植园主所用的主要语言的影响，还受到被奴役者掌握并融合在一起的不同母语中的单词、语法和发声的影响。随着时间的推移，这些语言演变为洋泾浜语和克里奥尔语[1]及方言，形成了牙买加帕托瓦语、海地克里奥尔语、库拉索帕皮亚门托语、毛里求斯克里奥尔语以及南非荷兰语等。这些语言进化的例子表明人类需要语言才能生存。当它被剥夺时，我们就自己生成语言。在尼加拉瓜最近记录的一个案例中，聋人儿童们创造了尼加拉瓜手语，在没有其他交流代码的情况下相互交流。

作为不同于非洲语言使用者之间跨语言接触的结果，在世界有奴隶交易的地方都可以观察到方言的演变。例如，苏里南就是一个很好的研究案例，说明西海岸的非洲语言如何与荷兰语（殖民者使用的语言）互动，产生了克里奥尔语。

牙买加帕托瓦语里有许多源自非洲的单词，这些单词被截然不同的语音系统所过滤，元音变少，辅音发声也变得不同。它是英语和西非语言之间单词、发声以及语法的混合体。正如鲍勃·马利与哭泣者乐队在《海沟镇摇滚》（*Trenchtown*

---

1　洋泾浜语（Pidgin）又称皮钦语，是指为了交流需要产生的由两种或多种语言混杂而成的语言。它不成体系，不能构成任何一个语言社区的母语。克里奥尔语（Creole）源于洋泾浜语或其他混合语言，它已经发展出丰富的词汇和语法结构，是可以成为母语的完备的混合语言。

Rock）所唱的那样，"Nuh wah yuh fi galang so / Wah come cold I up"，意思是"我不想你那样做 / 你是想让我失望"。

作为一个语言系统，非裔美式英语模式并不是任意的，它遵循明确的语音、句法和语义规范。像在"She tall"这样的句子中删除系动词，以及省略第三人称标记或所有格"'s"，虽然在英语中被人诟病，但在很多西非和其他语言中却很常见。这种省略甚至可以被看作在不牺牲意义的情况下有效地减少冗余。

语言学家观察到的一项更显著的技能是，非裔美式英语的使用者在很小的时候就可以无缝地切换方言。语码转换的背后隐藏了令人印象深刻的认知灵活性。目前还不清楚双方言是否会对认知和神经功能有类似双语的影响。研究双方言的语言、认知及其对神经影响的研究和支持资金很少，部分原因是20世纪90年代中期关于"乌语"的讨论引起了高度争议。

非裔美式英语被越来越多地应用于文学、流行音乐和媒体中，不仅用于传达个人故事，还用于传达微妙或紧急的社会信息。例如，嘻哈和饶舌这两种类型的音乐在利用非裔美式英语放大有关种族、不平等、政治、历史和社会正义的信息方面尤为成功。

非裔美式英语强大的口头传统将重要的信息代代相传。在基因检测技术得以应用之前，托马斯·杰斐逊总统与他已故妻子同父异母的妹妹萨莉·海明斯育有儿女的事实，被其后代代代相传，虽然这无法得到任何书面文件的支持。（杰斐逊的第一任妻子玛莎和萨莉·海明斯的父亲是白种人，是一名奴隶主。玛莎是父亲和他的妻子所生，而萨莉的母亲则是名奴隶。）

　　我的同事蕾切尔·韦伯斯特正在写一本关于她的祖先本杰明·班纳克（Benjamin Banneker）的书，他的故事也通过口头传统代代相传。公众大多知道本杰明·班纳克是一名非裔历书编撰者、测绘师、数学家和博物学家；马里兰州卡顿斯维尔的本杰明·班纳克历史公园和博物馆，以及马里兰州安纳波利斯的班纳克—道格拉斯博物馆都以他的名字命名。位于华盛顿特区的史密森尼学会非裔美国人历史和文化国家博物馆里矗立着班纳克的雕像，而他与托马斯·杰斐逊和其他同时代的著名人物的书信收藏在国会图书馆。

　　官方文件不曾记载的故事，与杰斐逊和海明斯的后代，以及数百万混血美国人的故事并没有什么不同。在该家族口头传下来的故事里，本杰明·班纳克的母亲是卖身为契约用人[1]的白种人妇女莫莉·威尔士和一名叫巴纳卡的非洲黑奴所生之女。根据家族口述，莫莉在年轻时被卖为契约用人，多年后，她买下两个非洲奴隶来帮助她耕种自己获得的土地。让他们重获自由后，她嫁给了巴纳卡，他们一起生了几个孩子。其中一

---

[1]　契约用人指17世纪至18世纪在英属北美殖民地一种役使的白种人劳动力，俗称"白奴"。多为英国与欧洲大陆的劳苦大众，由于贫困或政治宗教等原因，前往新大陆寻找机会。但由于付不起路费，而与船主或雇主订立契约，以4年至7年无偿劳役抵偿船资。他们在服役期满后可获人身自由，并得到一小块土地或依当地习惯得到某种释放费。

个孩子就是玛丽，也就是本杰明·班纳克的母亲，她自己后来嫁给了一名重获自由的非洲奴隶。非裔美国人语言和文化的强大口头传统让这些故事流传了几个世纪，直到被血统研究报告所证实。

一些人认为非裔美式英语是"劣等"英语，它限制了人们的机会，最终封锁了向上流动的社会通道。但一种语言或方言本身怎么可能有优劣之分呢？这些偏见根深蒂固的现象已经与语言无关了。就非裔美式英语而言，这种现象就是种族主义。如果我们把种族主义排除在外，那么非裔美式英语就只是美国的另一种英语方言，是众多方言中的一种。

美国总共有350多种语言和方言。除了英语和北美原住民使用的语言外，最常使用的语言是西班牙语和汉语（包括普通话、粤语和闽南语）。法语、克里奥尔语（以法语为基础）、他加禄语、越南语、韩语、德语、阿拉伯语及俄语也都是在美国广泛使用的语言。所有这些语言资源都给了我们机会，使我们得以更好地研究语言如何塑造我们的身份、改善我们的能力，并拓宽我们的社会视野。

# 第八章

## 文字之变

在英语中，像"he"和"she"这样的有生代词一般是人类独享的，偶尔也会用在动物上（当然不是所有动物，这取决于我们对动物生理性别的表述），而其他一切都用"it"表示；而在许多其他语言中，人类与非人类自然世界之间的概念界限被打破了。大多数美国原住民的语言中，动植物与人类所用的代词相同或相似，它们之间的界限不是人类与其他事物之间的界限，而是自然世界与其他事物的界限。在《谈论自然》一文中，一位讲帕塔瓦米语的环境生物学教授写到了她的母语。

听到蓝松鸦鸣叫和听到飞机轰鸣，所用的动词是不同的，因为前者拥有生命质量，后者仅仅是样物件。人们怀着对人类相同的敬重谈论鸟类、虫子和浆果，用的是与人类相同的语法，仿佛我们都属于同一个大家庭。因为我们本来就是。自然界不需要"它"
这个代词……而那些被我的祖先视为同类的东西，
现在却被重新命名为"自然资源"。

我们为船、车、枪支取名字（我们会说"她难道不是个美
人儿？"），这是否会让我们对它们愈加爱护，而超越了水、
植物和土壤这些我们赖以生存之物？我们的所思影响了我们
所讲的语言，而我们的语言又影响了我们的所思，以及我们的
所为。

英语中通常用"it"来指代无生命物体。但在许多其他语
言中，它们可以用代词"he"或"she"来指代。语法性别[1]从
两个方面影响我们对世界的看法。第一个方面是围绕着"有生
命"和"无生命"的概念，以及在语言上对世界上"有生命"
和"无生命"的实体赋予的差异展开。正如我们刚刚看到的，
从生态公正及我们如何看待自己在自然中的地位角度来看，
"有生命"和"无生命"物体之间的语言差异尤为有趣。而第
二个方面则围绕着男女两性在语法性别系统中的概念展开。

---

1　语法性别（grammatical gender）是一种对名词进行分类的方式，如阴性、
阳性和中性。这些分类通常是任意的、约定俗成的，与其真实世界的性质无
关。例如，在法语中，la maison（房子）的语法性别被归为阴性，而 le livre
（书）被归为阳性。世界上大约40%的语言都存在语法性别，包括西班牙
语、法语、阿拉伯语和德语等许多广泛使用的语言，而汉语和现代英语中都
没有语法性别。

　　虽然大多数语言只有两种语法性别，即阳性和阴性，但也有的语言不止两种语法性别。俄语和德语就有阳性、阴性和中性三种。班图语有10～20种语法性别。语言对事物进行分类的方法十分有趣。我不得不承认，我个人所讲的纯欧洲语言最多只有三种语法性别，所以并不清楚20种语法性别中的哪一种得与哪一类无生命物体相配，就像那些完全没有语法性别的语言很难理解哪个无生命物体是阳性的、哪个又是阴性的。我以前给讲英语的学生辅导俄语，他们总是对那些在他们看来完全随机的语法性别搭配感到困惑。他们会问："为什么钢笔是阴性的，铅笔是阳性的？""为什么雷声是阳性的，而闪电是阴性的？"

　　研究表明，语法性别会影响人们思考和谈论物体的方式。在一项研究中，德语—英语双语者和西班牙语—英语双语者被要求描述西班牙语和德语中具有不同语法性别的物体。德英双语者对钥匙（在德语中为阳性）的描述为坚硬、有分量、参差不齐、金属质地、锯齿状和有用；而西英双语者则将钥匙（在西班牙语中为阴性）描述为金色、精细、小巧、可爱、闪亮和袖珍。我们再一次看到，语言改变了物体的心理表征。

　　在另一个关于语法性别的实验中，被命名为帕特里克（Patrick）的苹果比命名为帕特里夏（Patricia）的苹果更容易被讲德语的人记住，因为在德语中苹果的单词Apfel是阳性的；而讲西班牙语的人则更容易记住帕特里夏，因为在西班牙语中苹果的单词manzana是阴性的。我们可以看到，像语法性别这样看似次要的语言特征，影响了记忆等高阶认知过程。

当以英语为母语的人被教授一种具有阴阳词性的虚构语言时，性别效应迅速显现了。实验人员指定了某些无生命物体为"阴性"或"阳性"，展示给被试者。其中一半的被试者被告知的阴阳性与另一半被试者正好相反。被试者被要求使用形容词来描述这些物体，随后这些形容词由第三方独立评定为阴性或阳性。正如从之前的德语—西班牙语语法性别研究中获得的预期一样，新习得的语法性别对被试者选择描述的形容词有着明显的引导作用。

语法性别也会以令人费解的方式出现。在俄语中，一周中的几天有着不同的语法性别，星期一、星期二和星期四是阳性的，星期三、星期五和星期六却是阴性的。俄罗斯的童话、小说、影视故事，乃至民众个人都将星期一、星期二、星期四人格化为男性，星期三、星期五、星期六人格化为女性。我们只能猜测，为什么其中的星期天既非阳性也非阴性，而是中性的。也许是因为星期天是俄罗斯东正教会的圣日，是高于性别的；也许是为了保持阳性和阴性天数的平衡；也许是某位大师给的语言锦囊告诉我们性别是非二元的；也可能是语言随时间演变过程中的一次偶然事件。

语法性别的刻板印象甚至已经渗透到了在线机器翻译中。人类学家亚历克斯·沙姆斯（Alex Shams）在使用谷歌翻译将土耳其语翻译成英语时发现了这个问题，并在推特上提出。土耳其语是一种中性语言，但看看谷歌是如何将土耳其语译成英语的："O bir doctor"译成"他是一名医生"，而"O bir hemsire"则译成"她是一名护士"；"O evli"译成"她已婚"，但"O bekar"译成"他单身"。"O çaliskan"译成"他努力工作"，而"O tembel"译成"她很懒惰"。在社交媒体上引起骚动后不久，翻译算法进行了修正，谷歌在将土耳其语"o bir"翻译成英语时提供了两种性别选择——这证明了语言及社交媒体的强大影响。

性别刻板印象既影响着我们对无生命之物的看法，也影响着对包括我们自己在内的人的看法，并影响和塑造着我们的生活。如果"女性保健"始终被"生殖保健"取代，抑或将"妇女权利"改为"人权"，那么我们对生殖权利是否会有不同的理解？

为了抵制通过语言持续存在的性别刻板印象，一些拉丁美洲国家（如阿根廷）甚至发起社会运动号召停止使用性别化的语言，而使用性别中立的术语来取而代之。但对于一个社会来说，用新词换旧词易，消除语法性别难。事实上，完全消除语法性别的努力从未达成，但在世界各国，添加性别中立代词或用性别中立代词替换原有性别二元代词的努力日渐成功。

最近，瑞典在传统的阳性代词"han"和阴性代词"hon"的基础上添加了无性别代词"hen"。在法国，新的性别中立代词"iel"融合了阳性的"il"和阴性的"elle"。其他语言也采用了类似的变化。在英语中，性别中立代词"they"越来越多地被用作第三人称单数来代替"he"和"she"（就像第二人称代词"you"既是单数又是复数）。西班牙语也使用性别中立的"niñe"来替代"niño"和"niña"。使用性别中立代词的原因是，它们可以最大限度地减少性别偏见和性别歧视。而关于是否要尽可能减少性别化代词对看待和评价他人的影响，不同群体也是见仁见智。这究竟是一个短期趋势，还是能对性别的心理表述作永久改变，一切还有待观察。

关于性别的刻板印象也反映在人名上。实验表明，名字听起来更柔和（如安妮或欧文）的人被评价更讨人喜欢，而名字听起来更硬朗（如柯克或凯特）的人则被认为更加外向。获得工作机会的可能性，以及薪水的多少，都会受到名字及其所附带的种族、性别和年龄这些信息的影响。从能不能进入某个幼儿园、能不能获得面试机会，到他人如何看待和评价我们，我们姓甚名谁，都激活了他人头脑中对我们的联想。在其他条件不变的情况下，甚至在全由研究人员打造的虚构场景下，当简历、演讲或产品被认为来自男性而非女性，或来自某些特定的种族或民族群体时，对其智力、能力、素养及受欢迎程度的评价都有可能更高。

移民通常会改换自己的名字，以更好地融入这个接纳他们的社会。我为本书究竟该如何署名而备受折磨。我是否应该署我的罗马尼亚名字"Viorica"？这个名字对英语人士来说听起来很"民族"，我在美国的30多年里，经常有人通过这个名字对我进行一些（可以用"有趣的"这个词形容吗？）预设。例如，每当我带着我浅肤色、蓝眼睛的孩子去公园游乐场时，由于我的名字、口音和黑发，人们通常认为我是保姆。于是我常常能从其他保姆那里了解到邻居们的八卦新闻，因为她们觉得在我面前讨论邻居很轻松舒服。我考虑过在这本书中只使用我名字的首字母，然后将姓氏作为名字。我回想起读过一篇关于厄休拉·K.勒古恩的文章，她被要求在故事《九条命》中不用全名，而只用首字母缩写"U.K.勒古恩"，这样读者就不会知道这本书是出自一位女性之手。我回想起小时候读乔治·桑写的小说，后来才发现她的真名是阿曼蒂娜·露茜·奥萝尔·杜班。最终，近来的社会变化，包括越来越多拥有非主流文化名字且显然来自非主流文化地区的作者出现在书籍上，导致我还是决定使用出生时起的名字。（尽管这本身反映了罗马尼亚的性别刻板印象——我以花为名，我的兄弟以树为名。和很多其他父母一样，他们相信一个人的名字会影响他们的感知方式、性格以及人生道路——这些都反映并助长了社会偏见。）

　　在专业、临床和教育环境中，对非母语人士的歧视很普遍。我在美国西北大学的学术基地叫作传播科学与障碍学系（department of communication sciences and disorders），部分原因是说不同语言的人所拥有的不同沟通模式，常常被误认为是障碍。二十多年来，我的一个主要工作就是告诉学生、临床医生和公众——差异并不等于障碍。来自不同语言（或方言）背景的儿童，经常被过度诊断、诊断不足或被误诊为患有某种障碍。诊断标准以及大多数评估和干预资源都是以单语和单方言人士为基准。来自不同文化背景、使用其他语言或方言的人，其沟通方式可能是与主流文化规范相冲突的。

对被诊断为沟通障碍的儿童或成人来说，我们不能够仅仅关注沟通模式本身，不能让其干扰沟通，也不应从主流文化的角度给患者造成情绪负担。我们要从他所处的群体所定义的文化角度来看待沟通障碍问题。如果某个幼儿说话与众不同，那么在诊断为沟通障碍症之前，有必要先确定这种差异是否来自孩子的母语或母方言的规范。美国言语语言听力协会（American Speech-Language-Hearing Association）的立场是，当英语能力有限的儿童在英语和其最常说的语言中都存在持续困难时，才能被认为是具有沟通障碍，而且任何英语方言都不应被视为语言障碍。

根据美国和其他国家的人口发展趋势，患者群体不断变化，患者语言日益多样，这意味着许多医疗机构必须关注到患者多样性，这关系到其业务的存亡。语言、沟通方式、文化价值观以及期望的不匹配，会导致语言和文化多样性的个人和家庭对医疗服务的利用不足、不遵医嘱或过早终止服务。早期干预和家庭参与是取得成功的关键，因此特别需要考虑此类服务提供方式的变化。在语言和文化上得以胜任医疗行业工作，不仅对医疗从业者来说具有道德和伦理意义，也具有经济意义。口口相传的推荐和评论传播速度很快，在互联网上则传播得更快更远，语言和文化问题可能会带来严重的法律后果。

克服语言和文化偏见，第一步也是最重要的一步，是意识到它的存在。只要意识到与你交往的人其语言或文化可能与你不同，就可以给社会带来改变。

第二，临床医生和教育工作者要对他人的观点表示认可和尊重，而不是视之无物，以保持沟通畅通，提高接受度。倾听患者家人的观点而不忽视它，即使这种观点有悖于医生接受培训时接受的主流文化规范，这也有助于确保家人继续将孩子带到医院接受治疗，而不是听之任之。对临床医生来说，他们清楚家庭文化背景中的特定治疗方式并没有实际效果。但是，除非这种治疗对患者造成伤害，否则，除了主流文化中的常规治疗，支持家庭希望进行的治疗，可能比让家庭完全拒绝有效治疗更好。在否定一种信念之前，最好先反思一下它是否无害。（安慰剂效应是真实存在的！）关键是要把患者的利益放在心里，同时表达出你的理解与感受。在许多文化中，家庭和社区的角色对个人的抉择来说可能更强，也更具影响力。

如果要给在多元化社区工作的人提建议的话，我认为都应该从了解其语言和文化开始。与语言多样的人群共事，应避免使用晦涩难懂的词汇和习语，并且宁可过于正式也不要使用太随意的语言（美国总体来说不那么正式）。其他建议包括避免问"是"或"否"的问题，因为你可能在整个对话中一直说，而对方一直说"是"，后来才发现他不会说你的语言，也根本不明白你在讲什么。表达得更具体一些——像"给孩子保暖"或"饮食均衡"这样的说法，在不同的文化背景下定义是不同的。如果你不确定对方的熟练程度，那就说得慢一点，而不是大声一点。要给不同文化背景的病人准备不同的资料，这样一来，患者（尤其是小儿患者）可以在小册子和测试包中看到像他们一样的人。要考虑某些操作是否恰当，特别是那些需要身体接触的操作（如在为可能有发音问题的儿童诊疗时触摸儿童的嘴），这在某些文化中可能是不合适的。

文化在许多方面都有所不同，包括非语言交流、眼神接触、对停顿和沉默的解释，更不用说幽默感和讽刺了。狭隘的"什么能做"和"什么不能做"清单，并不是放之四海而皆准的；面对面翻译和诠释的效果往往会超过任何此类清单。

当然，使用翻译也会面临一系列挑战。无论是专业翻译还是家庭成员，第三方在场都会使事情变得复杂。有一次，我为一位医生和一位青少年的母亲做翻译。她儿子因为生殖器相关疾病去看医生本身已经够尴尬的了，而母亲和一位女翻译在场则让他变得更加痛苦。于是他断然不肯谈及细节，很多信息能不讲就不讲了。此类情况并不罕见。

　　使用训练有素的专业人员的好处是，他们精通两种语言，知悉背景知识，而且并不卷入家庭矛盾或负面相处模式之中。缺点是费用问题，这对于大多数移民家庭来说是难以承受的。尽管一些医院现在也有外语服务，但通常只是针对社区中最常用的语言，如果你说的语言很少人讲，那么你在临床环境中就没有机会获得翻译服务。大型医疗机构现在可以通过视频、电话或网络提供翻译服务，这确有帮助，但这些服务仍然屈指可数，因为它们增加了成本，超出了大多数从业者和病人的承受范围。

　　在移民家庭中，孩子们经常充当父母、祖父母和其他亲属的语言媒介。这些孩子没有接受过正式的翻译训练，对语言材料的所知和理解有限，而且可能对两种语言都不够熟练。想象一下，孩子为被诊断为绝症的父母做翻译，孩子可能不想让父母担心，或者不了解详细病情，或者不想传达父母想说的话，还有其他一系列的突发情况，这些都会导致两种语言间的沟通中断。

　　当孩子作为家庭成员的语言媒介进行医生预约、工作面试、学校安置测试、车管所、签证、公民权会议或其他无数行政预约的沟通时，孩子可能会缺课、学业落后，并面临睡眠不足、压力和焦虑的风险。两代人之间的角色转换可能会导致相互怨恨，复杂的家庭动态可能会给每个人都带来负面影响。意识到语言翻译的复杂性，承认它们，并公开讨论它们，有助于缓解各方所面临的压力。

当我 16 岁参加托福考试时，我很清楚自己只有一次机会，因为参加一次测试的费用超过了我在苏联担任公共卫生医师的父母的月薪总和。参加考试需要坐 29 个小时的火车到莫斯科。此外，为了准备考试，我在莫斯科的一家图书馆进行模拟测试，因为这是最近的一家有旧托福模拟测试书籍的图书馆，所以我需要多次往返。我在图书馆开门的时候就进去，一直学到关门。我很幸运，得分超过了美国大学的入学门槛，虽然只是勉强超过了几分。我确信，如果我不做模拟考试，不熟悉考试题型，我就无法通过测试——而低几分就意味着截然不同的生活。当然，如果我没有在火车的共用车厢里度过前一晚，看着窗外村庄的灯光和滚滚而来的树影，我也可能会得到更高的分数。我后来穿越西伯利亚去往阿拉斯加，进行为期十天的赴美旅程，尽管困难重重，但仍比其他无数克服战争、饥饿、虐待、亲人离散或以上所有情况的人容易得多。当我读到移民在旅途中淹死或冻死的消息时，我想着"幸有上天的眷顾，我才逃过一劫"。我很幸运地受益于冷战的结束，以及戈尔巴乔夫和里根政府之间的外交，这使我得以在美国学习。

孩子们不仅要靠自己在这个世界上闯荡，而且用的是他们不熟悉的语言，闯荡的是他们不了解的地域，这些故事告诉我们双语学生所面临的挑战。即使孩子们和他们的家人一起来，这种经历也会让人感到不安。如果你曾经历过第一天送孩子上幼儿园的场景，记得那天的压力和情绪，那么想象一下，对于一个不会说学校语言、听不懂老师和同学语言的孩子来说，开学是多么艰难痛苦的事情。

有些人认为双语教育费用高昂。然而，如果不支持双语教育，之后我们可能会付出更多的代价。如果一个孩子无法理解老师，无法学习，无法识字，最终感到沮丧并辍学，那么从长远来看，这种模式的成本可能会高得多。辍学会引起一系列负面后果：它与就业不足及失业、药物滥用、健康状况不佳、收入降低、家庭结构改变和监狱服刑率升高相关。我们是更愿意支付教师和校长工资来支持双语教育，还是选择放弃双语教育、支付狱警和监狱长工资？投资于学习，可以提升教育程度、提高个人收入，并减少成年后贫困和被监禁的可能性。

在美国，大约有26%的学龄儿童在家里说英语以外的语言。在美国如得克萨斯州、新墨西哥州、亚利桑那州和佛罗里达州，这个比率甚至更高。在移民定居地、原住民居住区或支持多种官方语言的地区，多语者的比例更高。在加州，近一半的学龄儿童是双语儿童。其中一些儿童在家里使用一种语言，上学时开始学习英语，他们被称为"顺序双语者"。还有一些儿童在成长过程中同时使用两种语言，与一些家庭成员（如祖父母）讲一种语言，与其他家庭成员（如兄弟姐妹）讲另一种语言，他们被称为"同步双语者"。无论多种语言的学习是顺序进行还是同步进行，都有可能精通它们，甚至达到同等程度的流利和熟练。

但双语教育在政治上仍是个可能引火烧身的话题。但如果你猜测这是政党或种族之间，或者移民和非移民之间的争论，那你就错了。也许很容易假设移民会努力将双语教育推向主流，然而许多移民最希望的是同化和融合，并超越他们原来的民族身份，成为一个美国人。有些移民甚至反对双语教育，这一问题上的纷争与我们熟悉的范畴相悖。

没有在儿童中大力开展外语教育是美国教育系统大问题的一部分。美国的中学目前在阅读、科学和数学方面落后于其他工业国家。大多数欧洲学生必须在9岁时学习第一门外语，几年后学习第二门外语。

学习外语的可能性不仅受所居何处的影响，也受社会经济阶层的影响。在学习外语有益观点的推动下，许多来自中上层家庭的孩子被鼓励在学校里上外语课程，一些家长还为孩子请私人外语家教，支持沉浸式课程，送孩子出国留学，或带他们去讲外语的目的地国旅行。

与此同时，社会经济地位较低的家庭——通常是移民或少数族裔——受到一些教育家、临床医生和政策制定者的指示，放弃他们的母语或母方言，而只使用其接纳国的语言。这些父母经常被告知，使用母语和母方言会阻碍他们孩子的语言和认知发展，并会导致学习困难，尽管并没有研究支持这些说法。

## 欧洲学习三种及以上语言的学生比例

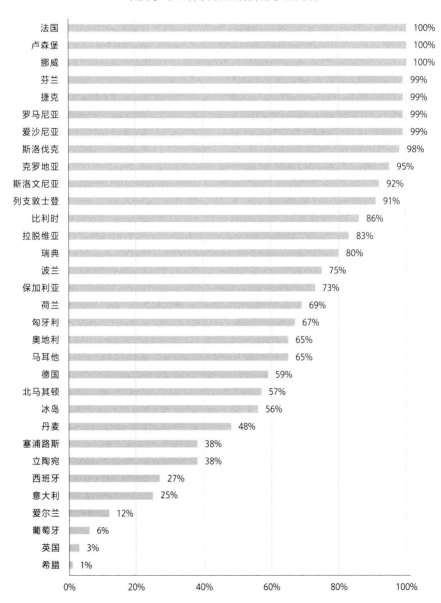

不同社会经济阶层如何看待多语现象的这种差异，其根源是偏见，一种与多语效用无关的偏见。

如果一个人所说的语言被认为影响力较低，那么他就很清楚学习另一种语言的好处，特别是使自己能够接触到全球化世界与经济的核心动态力量的主导语言。相反，如果自己所在的国家经济实力较强，那么他就不一定能看到学习外语的价值。

研究表明，少数族裔和多数族裔的儿童都能从双语教育中受益。然而，当涉及双语言教育时，研究和实践之间仍然存在着脱节。这一问题经常被歪曲，在美国，"双语教育"一词经常被误认为是不同于英语的其他语言的教育，而不是与英语并轨的教育。

双语教育之所以如此行之有效，是因为它允许孩子们在学习第二语言的过程中，继续使用母语接触新的学习资料，并在内容课程中获得更先进的知识和信息。这可以使他们在学习上更上一层楼。将双语教育比作冰山模型是很贴切的：你在表面看到的（单词、语法、发音、对言辞的理解）不过是冰山一角；而底下的东西（意义、分析、综合、评价）则深重得多，且更有价值。

就像冰山的一角掩盖了水面下的庞大实体一样，一种语言的表面特征也不一定总能说明双语者的深层基础和高级批判性思维。采用双语教育，允许英语学习者在学习英语的同时继续提高其母语的深层认知能力，使他们有可能获得跨越两种语言的强大的概念和学术基础。

硬币的另一面是向以英语为母语的人教授第二种语言，使他们也能从学习外语所带来的认知、神经系统、经济和文化优势中受益。积极鼓励和支持所有儿童学习一种以上的语言，可以为美国在多语世界经济中的竞争添砖加瓦。

不同语言背景的儿童在学习成绩上的一些差异，也可以通过非主流语言和文化的儿童在开始正式上学时所经历的语言和文化中断来解释。有些说不清道不明的信息并没有纳入学校课程，但它们确实存在，而且会影响学生的表现。

尼日利亚裔美国人类学家约翰·奥格布（John Ogbu）观察到，在同一所学校学习的美国原住民儿童和印度移民儿童在学业成绩上存在差异。相对于同龄中产阶级白种人儿童，这两个群体在开始其美国主流教育时都经历了文化中断。然而，他们的平均学习成绩有所差异，移民组的表现优于非移民组。奥格布提出，少数族裔群体在学业成绩方面存在差异，部分原因在于他们对学校教育的看法。移民少数族裔群体更可能将学校教育视为一种替代模式，他们认可孩子们在学校和家庭环境中的不同行为表现，而不一定将其等同于文化适应[1]。而非移民、非自愿少数族裔则更倾向于将学校教育视为一种单向同化和融

---

1　文化适应（Acculturation）是指当不同文化群体的人们进行持续不断的直接接触时，一方或双方的原文化类型所产生的变化。

入主流群体的方式，于是会自觉或不自觉地抵制它。

　　移民少数族裔群体会使用与多数族裔文化参照系不同的参照系，并认为自己过得比移民前或比他们在祖国时更好。他们可能并不总是将自己置于东道国的分层体系中，而将自己视为主流体系之外的异乡人。他们也可能保留返回祖国的选择权。他们通常认为，一个人可以同时参与两种文化，在两种文化之间转换，而不会对群体身份造成威胁。尽管移民少数族裔群体也会遇到前进的障碍，比如隔离政策、低劣教育及与教育和经验不相称的工作，但他们可以拒绝或选择不理解主流地位系统，而并不将歧视内化。

　　另一方面，非移民少数族裔有点类似于一个专门的社会阶层，他们是通过被奴役、征服或殖民非自愿地融入社会的。与移民少数族裔相比，非移民少数族裔更有可能使用与多数族裔群体相同的参照系和分层体系。几代人内在的歧视和剥削使人们认识到，他们尊严的丧失、机会的缺乏及总体不尽如人意的生活状况，源自占主导群体的剥削，而非他们天生的过错。对于非移民少数族裔来说，返回祖国并不是一个真正的选择（尽管也有美籍利比里亚人于内战后返回非洲大陆的历史，但其结果好坏参半）。

　　因此，非移民少数族裔有时会把学校教育和主流文化画上等号，并有一种必须在"白种人式成功"与隶属于自己的群体之间做出选择的感觉。非移民少数族裔在工作中碰到玻璃天花板，会形成一种信念，即他们无法通过遵循与多数族裔相同的规则而成功。可以肯定的是，非移民少数族裔仍然重视教育，认为教育是件好事且相当重要，并相信教育会带来地位的提升和更好的工作。但同时，他们也感到这是自相矛盾的——长辈的训话和公开鼓励与父母在现实世界中的遭遇并不相称。这种反差突出了系统内的不平等和不公正，导致他们变得宿命论、怀疑论，幻想破灭。

在我的课堂上，多数族裔文化的学生在阅读奥格布的作品时，通常会对自己和少数族裔学生之间经历的巨大差异感到难以置信。移民和非移民的少数族裔学生通常认为，这些描述与他们自己及他们家庭的经历是一致的。最近的社会媒体和社会运动也将少数族裔学生的经历带入了主流话题。

因此，不用对偏见和歧视在学校中普遍存在感到奇怪，因为学校也并非真的是象牙塔。社会信仰随时间不断变迁，学校仍会继续反映主流文化认为合适的内容。

# 第九章

## 翻译的发现

　　当我十几岁初到美国时，并非总能听懂我的美国朋友说的话。有时我会根据周围的环境或句子中的其他词来推断或猜测其含义，有时我也会直接问单词的意思。一位亲密的朋友（他现在是美国海军的随军牧师）总是让我猜："你觉得这个词是什么意思？"我就会根据这个词的发音大胆猜测，有时会引发哄堂大笑。但很多时候，根据上下文的猜测会把我带到正确的方向。

　　说到猜单词，有很多故事可讲。

　　1933年的一项研究发现，英语使用者在69%的情况下能将日语与英语的反义词正确匹配。例如，当给出日语单词"heiwa"和"tatakai"，以及英语单词"war"和"peace"时，人们在很多时候都能正确地猜出"heiwa"意为"和平"，"tatakai"意为"战争"。如果你愿意，也可以用这个研究中使用过的单词来猜一猜。比如"tooi"和"chikai"，哪个意思是"远"，哪个意思是"近"？（如果你猜到"tooi"是"远"，"chikai"是"近"，那就猜对了。）那么"mikata"和"teki"这两个词，你猜哪个是"敌人"，哪个是"朋友"？（如果你猜到"mikata"是"朋友"，而"teki"是"敌人"的话，那就猜对了。）"tori"和"mushi"，哪个是"鸟"，哪个是"虫"呢？（如果你猜到"tori"是"鸟"，"mushi"是"虫"，那就猜对了。）如果你很多单词都没猜对，甚至一个都没猜对，坦率地说，这也符合我先前的预期，我本来猜测正确率大约是五五开，但自己尝试了25组反义词配对之后就明白事实并非如此。

这就是为什么2022年的时候我决定在我的实验室复制这项研究。英语单语被试者需要将汉语、法语、日语、波兰语、罗马尼亚语、俄语、西班牙语、泰语和乌克兰语9种不同语言中的45对反义词的含义与它们的英语翻译相匹配。令我们惊讶的是，尽管这些英语单语被试者基本上是瞎猜的，但这些语言中的反义词对与英语翻译的匹配正确率（65%）大于偶然性预测概率（50%）。其中，汉语（55%）、日语（55%）和俄语（56%）的准确率最低，其次是泰语（57%）、波兰语（58%）和乌克兰语（58%），较高的是罗马尼亚语（74%）、法语（79%）和西班牙语（81%）。

在另一项研究中，讲意大利语的被试者与讲波兰语的被试者分别被要求听芬兰语、日语、斯瓦希里语和泰米尔语的单词，并从三个选项中选择他们认为的含义。在芬兰语和日语中，被试者仅根据单词的发音做出正确选择的概率要高于偶然预测的概率。这一差异在名词和动词上是显著的，但在形容词上则不显著，这本身就是个有趣的结果。很有可能在将来的某个时候，通过语言的声音符号研究，我们会建立一个以具体语言和参与者经验（比如他们知道几种语言，这些语言之间相似度如何，他们在各种语言中的词汇量和读写水平如何）为变量的综合模型。

探讨形式和意义关系的书面证据甚至可以追溯到公元前，在《柏拉图对话录》中就记录了古希腊哲学家苏格拉底对这个论题的一番言辞。在《对话录》中，当克拉底鲁（Cratylus）和赫谟根尼（Hermogenes）问及名字是"符合自然的"还是"约定俗成的"时，苏格拉底回答说，声音的组合表达了一个词的本质，有些声音最适合描述水的流动，另一些最适合描述物体的运动。赫谟根尼反驳说，物体之所以如此命名是习俗和惯例的结果，是可被改变的。而克拉底鲁认为，名字有神圣的起源，为众神所赐，所以它们天生是正确的。两千多年前提出的这三种立场，说明了人类对词及其含义的迷恋源远流长，而对这些问题的思考，覆盖了从哲学到宗教、从神秘主义（咒语）到法术（召唤神灵）、从民间传说到正统文学等一众领域。

在世界上许多宗教中都有"真名"与"真性"相吻合的想

法。古代犹太教认为上帝的真名非常强大，为了防止对其力量的滥用，不得唤其真名。基督教也在《出埃及记》第20章第7节中反对妄称上帝之名。名字的力量也存在于非西方的思想流派中，包括道教、佛教和苏非主义。瑜伽士认为，咒语"唵"反映了宇宙的振动。

虽然在大多数情况下，词的形与意的关系在很大程度上是任意的，但它并不完全随机。一个词的形式可以影响其意义的表达，反之亦然。

大多数人在听到声音和意义之间的关系时都会想到拟声词，这些词本身听起来就像它们所指事物发出的声音，如时钟的嘀答声或汽车的喇叭声。最常见的拟声词例子是动物的叫声。奇怪的是，这些词在不同语言中大相径庭。在英语中，猪的叫声是"oink-oink"，狗的叫声是"woof-woof"；在俄语中，猪的叫声是"hriu-hriu"，狗的叫声是"ghav-ghav"；而在罗马尼亚语中，猪的叫声是"koveets-koveets"，狗的叫声是"hum-hum"。在日语中，描述多种动物发出声音，包括狗、猫、羊、青蛙、鸟和昆虫，都使用同一个动词"naku"。我倒是很想讲讲"日本动物如何更好地跨物种交流"这样的书呆子玩笑，或者偏个题聊一聊双方言山羊（是的，有这种东西），但还是让我们回到形式与意义的正题上来吧。

我们可以在非口语语言中找到形式和意义之间关系的直接证据。手语通常在视觉上将一个词与其含义的某个方面联系起来以表示其含义，可以通过手势的位置或运动，或是手型或手掌方向来呈现。例如，打开书页的手势代表"书"，在茶杯中搅动茶包或茶匙的手势代表"茶"。手势与姿势是语言发展过程中最早的交流形式之一。

除了手语，我们也可以在汉语的语素文字[1]中看到形与意的关系。在汉语中，书面形式的词由字组成，而这些字往往也是其他词的组成部分。比如"美国"，包括两个字，一个代表美，一个代表国。这两个字的组合可以翻译为"美丽之国"。汉语的"嫉妒"和"奴隶"这两个词都包含"女"字偏旁。这些单字的含义是否影响了汉语使用者实际翻译时的心理表征？汉字标签中听觉或视觉的形式是否影响了人们对这个概念的心理表述和思考？

对于字母语言来说，它们由无意义的字母构成，而不是像汉语那样承载意义的表意符号，意义与形式关系的证据就不是那么明确了。

我的师祖（我导师的导师），心理学家沃尔夫冈·柯勒（Wolfgang Köhler），于1929年首次证明了语音象征现象，即后来广为人知的"bouba-kiki效应"。

"bouba-kiki效应"指的是在实验中，实验人员向人们展

---

1 语素文字也称意音文字，其一个字位代表一个语素，即语言的最小语义单位。它可以同时表示意义与音节。与之相对的是只表示语音、不表示意义的表音文字。汉字大体上是一种语素文字。

示下图所示的两个形状，并询问哪一个是"bouba"，哪一个是"kiki"。读者朋友可以自行一试。

人们总是更倾向于认为圆边是"bouba"，而锯齿状带刺的是"kiki"。这一发现对大学生、老年人和非常年幼的儿童都适用，而且不仅对讲英语的人适用，对讲其他语言的人也适用。柯勒首先在特内里费岛用西班牙语进行了这项实验，使用的是"baluba"和"takete"这两个词，但这项研究后来被广泛复制。甚至在四个月大的婴儿身上也发现了如此选择的倾向。

针对泰米尔语使用者和美国大学生的研究发现，如此选择的偏好率高达95%～98%；在所有的研究中，偏好率平均在88%左右，虽然略低一些，但仍明显高于偶然。（自闭症患者中这一比率较低，约为56%，其原因尚不清楚。）

一项使用功能神经成像的神经科学实验发现，当名字和物体之间存在感知不匹配时（当"bouba"与刺状图形配对时），大脑的前额叶激活要比感知匹配时（"bouba"与圆边图形配对时）更强，可能是因为人们需要在不匹配的情况下投入更多的认知资源。有趣的是，大脑皮层的激活不仅在负责高级认知的额叶皮层不同，而且在听觉和视觉大脑网络中也不同，这表明声音象征可能也被嵌入感觉处理的早期阶段。

目前还不清楚是什么导致了这样的效应，也不清楚这种效应在其他代码中是否存在，比如在数学中是否有此效应。（哪个形状代表1，哪个代表2？抑或哪个代表零，哪个代表无穷？）若干假设已经被提出。例如有人认为，这种关联与发声时的口型有关，说"bouba"时口型更圆，而说"kiki"时口型更紧。也有人认为，这种联系与元音辅音的比例以及单词中声音的音素质地有关。似乎人们对声音和符号的关系判断都是基于声音的声学线索，但具体机理如何尚不清楚。

几个世纪以来，元音和辅音的音素性质与意义之间的关系引起了世界各地人们的兴趣。俄罗斯科学家、哲学家、作家和博学家米哈伊尔·罗蒙诺索夫（Mikhail Lomonosov）于1755年创建了莫斯科国立大学[1]，如今这所大学就是以他的名字命名的（苏联有十几所机构以他的名字命名）。他在18世纪写下了元音和辅音的语音象征。例如，他提出在表达温柔时应使用前元音如/e/、/i/和/yu/，在表达恐惧时应使用后元音如/o/、/u/和/y/。

---

1  莫斯科国立大学全称为"莫斯科国立米哈伊尔·瓦西里耶维奇·罗蒙诺索夫大学"。

与语音象征的最紧密联系可以在诗歌中找到。诗歌使用和谐音调[1]（愉悦、和谐、舒适的声音）、头韵（重复相同声母）、押韵（重复相似韵尾音）以及其他语言工具，充分利用了特定的声音唤起某些情感和思想这一理念。

诗人对世界的感知在何种程度上塑造了他们的语言？诗人的语言又在何种程度上塑造了他们的感知？感知与语言之间有一个反馈循环，很可能它们彼此进行着相互塑造。诗人之抒情达意来自认知的反映，而这反过来也改变了他们的认知。借用埃德加·爱伦·坡的话来说：“白日的梦者知之甚多，夜晚的梦者无从知晓。”

诗歌语言之所以如此独特，是因为每一个语言单元都蕴含着丰富的意义。与散文不同的是，在散文中，作者可以在页与页之间游走，而诗人的文字艺术却要力求精确，不仅要精确地择词，还要精确地选择合适的元音和辅音。这些元音和辅音创造的声音，营造了诗歌的身体体验。如同画师在色板上调色一样，诗人或词家必须将声音混合调匀，以唤起诗词想要表达的恰当心绪。

诗歌是最古老的沟通形式之一。它早于书面语言，据说在史前时代就已经有了关于狩猎的诗歌。因此，诗歌可以被看作

---

1　此处和谐音调（euphony）为英文中的一种修辞，指婉转动听、朗朗上口的声音组合。

语言的听觉体验和其书面形式之间的一种状态。早期的诗歌记录了战争和胜利，在时间的迷津中传递信息，整个族群都记住了它们，将它们作为民族传说流传下来。

诗歌短如阿拉姆·萨罗扬（Aram Saroyan）的四腿字母"m"，它被描述为"一个字母诞生的特写"，或乔治·麦克唐纳（George MacDonald）的二字诗《最短最甜的歌》，诗中只有两个字——"回家"。诗歌长如《伊利亚特》和《奥德赛》，或有180万个词的印度诗歌《摩诃婆罗多》。

在翻译诗歌时，所面临的挑战不仅是意义的表达，还要反映声音、句法、结构、节奏、韵律、节拍、质地、联想、情感、典故以及意义的层次感——所有这些都因语言而异。在忠于艺术性的同时又要对它们进行重新创作，通常意味着翻译是对原诗的仿作，可以说是译者自己的诗。例如，你如何将刘易斯·卡罗尔的诗 *Jabberwocky*[1] 中像 "All mimsy were the borogoves, / And the mome raths outgrabe" 的诗句翻译成另一种语言？

---

1 *Jabberwocky* 是刘易斯·卡罗尔（Lewis Carroll）在儿童读物《爱丽丝镜中奇遇记》一书中写的一首"胡言诗"。这首诗讲述了一个年轻人战胜一只恐怖怪物的故事，诗歌的句法完全符合规范，但大量使用了作者自创的新词。评论家 Martin Gardner 认为"那些稀奇古怪的单词没有精确的意义，但通过微妙的泛音形成和谐的共鸣"。诸多汉语译者对此诗进行了翻译的尝试，译诗各有千秋，读者可自行查阅。

　　诗歌的译者必须精通两种语言，至少达到诗人对其所用语言的掌握程度，因为翻译诗歌的本质是让诗歌脱胎换骨，于另一语言王国将其再造。翻译有其自身的研究领域，而诗歌翻译是其中一个子领域。

　　在《观看王维的十九种方式》[1]一书中，一首绝句被翻译成19种不同的英文版本。甚至仅仅是诗的标题"鹿柴"，就被翻译成"鹿之形"（The Form of Deer）、"鹿篱"（Deer Fence）、"山野深处"（Deep in the Mountain Wilderness）、"鹿苑隐居"（Deer-Park Hermitage）；同样，开场的诗句也被翻译成了"空山上似无人踪"（There seems to be no one on the empty mountain）、"斜阳穿过深林"（Through the deep wood，the slanting sunlight）、"荒山无人影"（Not the shadow on a man on the deserted hill），以及其他16种版本。没有两个版本是完全相同的。这种诗意的变通只有在翻译成其他语言时才会形成。

　　有人问我，某种语言是否比另一种语言更适合诗歌。我认为没有哪种语言称得上最适合写诗，因为不存在某种语言的使用者比另一种语言的使用者更为深情，如果你不赞同这一点，那可能只是因为你还没有完全掌握第二种语言。我之所以这样

---

1　《观看王维的十九种方式》（*Nineteen Ways of Looking at Wang Wei*）作者为美国诗人、散文家、翻译家艾略特·温伯格。在本书中，温伯格逐一盘点了王维《鹿柴》的19种译本，向我们呈现了王维之美、翻译之美、文字之美。

说，是因为我曾无数次听到讲某种语言的人抱怨他们的第二
（或第三、第四）语言缺乏抒情性。许多语言的使用者，那些
讲希腊语、汉语、西班牙语、爱尔兰语的人，都会热切地认为
自己的语言相对于其他语言是多么诗意盎然、饱含深情，当然
这些语言确实如此，但并不比印度语、日语、乌尔都语、斯瓦
希里语或世界上任何其他语言更诗意、更深情。尽管在实验室
研究中，多语者的语言能力是通过具有预定信度和效度的客观
量表来测量的，但在实验室之外，多语者欣赏不同复杂程度的
诗歌的能力可以成为他们对该语言熟练程度一个相当好的指标。

　　是什么造就了诗人的语言？不是他们由何处而来、说什么
话，而是他们如何将自己的写作从语言惯例和规范的桎梏中
解脱出来，常写常新，赋予它自己独特的声音和看待世界的方
式。由于语言的规则各有不同，每种语言的诗人都必须决定要
打破哪些规则，而翻译诗歌困难的部分原因就在于不同语言需
要打破不同的规则。在某种程度上，诗歌本身就是一种语言，
或者更确切地说，它创造了一种语言，并于此间创造了自己的
宇宙。就像学习另一种语言一样，诗歌语言也能塑造人的思
想、大脑、感官、情感和记忆。

　　引用尼采《查拉图斯特拉如是说》中的话说："一切诗人
都相信：谁静卧草地或幽谷，侧耳倾听，必能领悟天地间万物
的奥秘。"请不要介意尼采后来对诗人的看法："诗人……把
水搅浑，以使其看上去更深。"因为根据我的经验，若要论此

种过失，科学专著、学生论文和政治演说的作者们岂不比诗人更严重？

诗人并非唯一对语言的细微差别高度敏感的人。作家、电影制作人、音乐家、艺术家，以及几乎所有通过语言联结人、影响人、触动人的以语言为生的人，都曾煞费苦心地遣词造句（就如同恋人们为撰写情书冥思苦想，或拇指族在手机的另一端为回一条短信字斟句酌）。

我在读书的几年间做过各种工作来养活自己，其中包括翻译罗马尼亚、乌克兰、俄罗斯或其他苏联国家孤儿院的国际收养儿童所需的文件，或为来自这些国家的邮购新娘[1]翻译情书和其他信件。我也会做一些口译的工作，例如，担任1996年亚特兰大奥运会的口译，以及阿拉斯加和俄罗斯远东西伯利亚地区之间政治经济活动（比如1993年会集了美国参议员和政治领袖以及俄罗斯政治家和石油公司主管的四地区会议）的口译。

口译和笔译之间并非界限分明，但通常口译的工作对象是口头语言，而笔译的工作对象是书面语言。把查克·罗瑞[2]的"虚荣卡片"（在《柯明斯基理论》《生活大爆炸》等剧集每

---

1 邮购新娘是指通过婚姻中介借助某些广告宣传形式，由男性从中挑选并借此出嫁的女性。该用语带有贬义，具有冒犯性。
2 查克·罗瑞（Chuck Lorre），美国作家、制片人、导演、编剧。他创作了《生活大爆炸》等多部广受好评的情景喜剧。他会在某些剧结束时，在荧幕上放上一段文本，这些文本被他自己称为"虚荣卡片"（vanity cards）。

集结束时，屏幕上会闪现一秒钟左右的文字片段）译成各种语言以便在其他国家播放的人就是笔译。他们的工作是处理书面文字，有相对灵活的时间来翻译信息。很难说有多少信息和作者独特的思维方式在翻译成其他语言的过程中被丢失了。

一名好翻译是文字和语言的魔法师。一个好的口译或笔译，在翻译时不会使用逐字逐句或直接翻译，而是尝试找到在文化上、语言上和经验上合适的替代物。对成语或特定习语来说如是，对例子、故事和文化素材来说亦如是。在用英语写这本书时，我必须从适合英语读者的短语、逸事和文化素材库中选择。而如果是为罗马尼亚语或俄语的读者写作，我将不得不用一套不同的文化素材、逸事和短语。用多种语言写作的作家，如弗拉基米尔·纳博科夫[1]或村上春树，在每种语言中都有不同的表达。

我作为口译和笔译的工作经历使我了解到口译是多么具有挑战性的工作，尤其是同声传译员必须将听到的语言实时翻译成另一种语言。你在联合国会议上看到的，就是这样一种口译工作。大多数时候，你甚至不知道同声传译正在发生，除非你注意到听众耳朵里有一个几乎看不见的小耳机，同声传译员通

---

1　弗拉基米尔·纳博科夫（Vladimir Nabokov），俄裔美籍作家，小说《洛丽塔》的作者。他从小就显现了很高的文学修养和语言天赋，精通英、法、德几门外语。纳博科夫在柏林居住时用俄语写了他的前九部小说，移居美国后开始用英语写作。其主要作品有小说《微暗的火》《普宁》以及自传体回忆录《说吧，记忆》。

过这个耳机将信息翻译成另一种语言，他们甚至在说话者正在说话的时候仍在进行传译。有时说话者会暂停，让口译员翻译之前讲的内容，这就是所谓的交替传译。有的时候没有停顿，口译员必须在对话持续进行时，同时倾听说话者所说的内容并将其翻译成另一种语言，这就是所谓同声传译或同步传译。每当我亲历传译者同步解码传来的讲话，将内容重新表述为另一种语言的词汇、语义和句法的有效形式，同时纳入语言与文化的特定术语和内涵，并将重构的信息表达为目标语言，与此同时新的讲话还在不断涌入，我都心生敬畏。这其中由工作记忆、注意力、语言理解和语言产出而造成的认知负荷，简直不可思议!

25年后，我的口译和笔译经历有了一个完整的轮回——我担任了日内瓦大学一名博士生的论文答辩委员会成员，她以联合国的同声传译员、准备成为同声传译员的学员为研究对象。她是瑞士一个规模更大的研究小组的成员，该小组专门研究同声传译员的眼动、神经功能和认知能力。

这项关于同声传译员的研究表明，他们的深度语言控制可能与大脑不同区域之间更广泛的连接有关。同声传译员的注意力控制和工作记忆的反复工作提高了其执行功能，他们的神经结构得到了更高效的利用，在这一点上他们要强于其他多语者。在双任务和任务切换实验中，同声传译员的表现也优于多语对照组。他们左额极的灰质体积更大，额极与左额下和额中回之间的功能连接也更紧密。同声传译员在前额叶皮层的 α-频率振荡中显示出更大的连接性，这种连接能力与注意力、抑制性控制和工作记忆过程有关。

对同声传译员大脑的研究表明，同声传译所需的极端语言控制不仅改变了参与语言处理部分的大脑区域，还改变了参与学习、运动控制和一般执行功能的区域。我们对同声传译强化训练项目前后的译员大脑进行比较时发现，训练后的大脑显示出几个大脑区域的激活度降低，这表明随着训练的进行，同声传译过程变得更加自动化，需要的认知资源减少。同声传译的强化训练也增加了涉及言语理解和产生、注意力控制的大脑区域的皮质厚度。同声传译员皮质厚度的增加表明，高度的语言控制可能是认知储备的保护因素。

与其他单纯将口译员与非口译员的大脑进行比较的研究不同，同声传译训练前后大脑的比较研究揭示了大脑的可塑性。这项研究与学习双语后大脑变化的神经影像学研究类似，只是研究的是多语经验中更为极端的形式。

然而，与在日常生活中进行翻译的双语和多语者相比，同声传译员和翻译的数量是微不足道的，既无必要，也并不会有那么多人选择从事这个职业。每一位多语者都会在他们生活的某个时刻进行着某种形式的口译或笔译。

在医疗环境下，正确的口译可以帮助正确评估和治疗病人并使其完全康复，而错误的口译则可能导致医生对错误的身体部位进行手术、给予不正确的治疗或根本不治疗，甚至造成患者死亡。错误的翻译不仅可能产生严重的医疗和法律后果，也会影响经济和政治结果，所有这些都比因语言不通而偶尔迷路的游客严重得多。

漏洞百出的翻译也可以很有趣。网上流传着一家名为"翻译服务器报错"的中国餐馆的图片。店家似乎试图直接用电脑将汉语名翻译成英文而产生了种种错误，而错误的文字被印在招牌上。随便搜索一下"翻译错误"就能搜出成千上万个好玩的图片和故事。也许在你心情不佳需要提振一下的日子里，它们能替代猫咪视频让你开心片刻。

幽默特别难以跨语言翻译。除了呈现信息，还需把握时机，并对目标语言使用者的日常生活背景了如指掌。我仍然记得我听到的第一个英语文字梗笑话——The odds are good, but the goods are odd（机会很合适，但合适的没机会）——这是对关于单身女性在阿拉斯加找到伴侣可能性的调侃。当我能够用英语讲笑话时，我知道我的英语水平终于像模像样了："我曾经教过早上8点的英语课，于是那学期就死了很多爷爷奶奶。后来我把课调到下午3点，就再也没有人死了。同学们啊，这就是我拯救生命的方式。"时至今日，我仍然会把不同语言的谚语和隐喻混杂在一起，或者开头还是在讲一种语言的谚语，结尾却跳到另一种语言上。我对那些还不能将幽默感运用自如的非母语人士的最好建议就是——一笑而过。

人类大脑所能容纳的语言数量似乎没有限制。如果我们搜索世界上最杰出的语言学习者，会发现许多会说多种语言的历史人物，也有很多在世的语言大师。19世纪的意大利牧师、大学教授朱塞佩·梅佐凡蒂（Giuseppe Mezzofanti）是一位博洛尼亚木匠的儿子，据说他会72种语言，并能够在两周内精通一门新语言。我们无法根据历史和文学文本，来判定他对这些语言的掌握程度，但纵观整个历史，我们都可以找到会讲很多语言的人。1986年去世的法国语言学家乔治·杜梅齐尔（Georges Dumézil）据说能说或会读200多种语言，其熟练程度各不相同。维多利亚时代著名的探险家、地理学家、外交家、间谍和制图师理查德·弗朗西斯·波顿爵士（Sir Richard Francis Burton）知道29种语言和许多方言，这些都在探险中助他一臂之力。

哲学家W. V. 奎因（W. V. Quine）用一个著名的思想实验说明了学习另一门语言（甚至是学习母语）相当费事。在这个称为"Gavagai"的思想实验中，一名语言学家正在访问一个讲着未知语言的国家。当一只兔子经过时，其中一位讲母语的人惊呼："Gavagai!"这位语言学家最初的假设是，Gavagai的意思是"兔子"，但这个假设可能并不正确。Gavagai也可能意味着"看""动物""长耳朵""有东西刚刚过去""外面越来越黑了""让我们抓住它当晚饭吧"，它可能是一两个单词，也可能是一个完整的短语。在某种程度上，这种不确定性存在于所有新语言的学习中。这也是为什么当探险家或殖民者根据当地居民说出的单词给某些地方起名时，要么就是截然不同的意思，要么就是同义反复，比如Mountain（山）或Lake（湖）。美国南部的哈奇河（Hatchie River）从字面上理解就是"河"河，因为"哈奇"在美国马斯科吉原住民语系中是"河"的意思。还有瓦拉瓦拉河（Walla Walla River），其实是"河河"河，因为在萨哈泼丁原住民语系中，一个词（如Walla，意思是"河"）重复两次可以用来表示亲昵的喜爱之情。在挪威，Filefjell从古挪威语的字面上看就是"大山"山，而Bergeberget是"小山"山。

成功的语言学习取决于与学习内容和学习者相关的一系列变量。我们学习新词的效果如何，取决于多个层面的表现形式，包括单词的发音、拼写、心理象征以及如何使用。如果新词涉及具体概念（如狗），则比抽象概念（如自由）更容易学习。一个词所指事物的心理表征在许多维度上都有所不同，包括我们将其形象化的能力。

我们的研究表明，语音和正字法[1]的邻项个数，以及语音与拼法概率会影响词汇学习。语音邻项个数指的是一种语言中有多少个只差一个音的词，而正字邻项个数指的是一种语言中有多少个只差一个字母的词。语音概率是指根据学习者的母语

---

1 正字法是指文字的规范，即文字的形体标准和使用规则。

模式，某些发音同时出现的可能性有多大，而拼法概率是指某些字母在拼写中同时出现的可能性有多大。无论是在不同语言之间还是在某种语言中，某些声音确实会比其他声音更普遍。在玩Wordle[1]和其他依靠字母和语音频率的单词游戏时，如果知道字母组合和发音共同出现的概率，就会获得不俗的成绩，而弄清概率也是这些游戏的乐趣之一。

如果你正疑惑我们为什么要将声音和拼写区分开来，那么我可以回答你，是因为声音和拼法之间的对应关系往往并不准确。在比较难根据拼写进行发音的语言中，比如英语，相同的声音可以用不同的字母拼写，相同的字母可以发出不同的声音。例如，/iː/是英语中最常用的音，可以有七种不同的拼法，你可以在 "He believed Caesar could see people seizing the seas" 这句话中自己数一下。

另一个影响学习的因素是词频。不同单词在一种语言中的使用频率是不同的。语言中的高频词通常更容易学会。目前还不清楚是更容易的词随着时间的推移变得更频繁使用，还是更频繁使用的词在形式上变得更容易了。也有可能是共同的原因推动了使用频率又降低了学习难度，使那些使用可能性高的词也更容易学会。在英语中，使用频率最高的前1000个单词占所

---

1　Wordle 是一款在社交软件上风靡的猜词小游戏。游戏玩家需要在六次尝试机会中，猜出一个五字母英文单词。

有英语文本的90%。

　　需要与词频一并考虑的是词长。在大多数世界语言中，单词长度和使用频率之间存在一定关系，较短单词的使用频率要高于较长单词的使用频率。最短的英语单词是"I"，最长的英语单词则是45个字母的"pneumonoultramicroscopicsilicovolcanoconiosis"，指的是一种因吸入火山中的二氧化硅颗粒而感染的肺部疾病。

　　探究是什么让单词学起来更容易，从理论上可以洞察大脑对知识的组织过程，在实践中又可以告知教师和学生如何在课堂和其他学习场景中达到最优效果。情绪过程和认知因素，比如动机，也会影响另一种语言的习得。积极的情绪和各种策略的使用（例如将新语言中的词与母语中听起来类似的词相关联）有助于新的语言学习。对于情绪较低的学习者，使用策略尤为有用。换句话说，情感和策略相互作用，共同塑造了成功的语言学习。

　　各项研究中有一个一致的发现是，双语者比单语者更善于学习新的语言和符号系统。已经掌握两种或两种以上语言的人能比只掌握一种语言的人更快、更好地学习新语言。一种解释是，这可能部分归功于双语者的抑制性控制实践，而这是学习的关键。在学习新词时，你必须能够抑制激活对象的已知名称，以防止它干扰新的名称。通过鼠标追踪实验，我们发现，由于双语者有管理跨语言竞争的经验，他们更善于抑制源自已知语言的竞争，从而使学习新语言变得更加容易。

　　另一个谜题是，你知道的语言越多，学习新语言就越容易，因为每增加一种语言，你需要获得的新信息就越少。从维恩图的角度来考虑这个问题：当你学习第一种语言时，你学到的所有信息都是全新的，在图中是一个完整的圆。但是当你学习第二种语言时，你的两个圆的一部分会重叠，因为即使你学习了很多新的信息，有些信息（语法规则、发音甚至字母表）和你的母语是重叠的。到学习第三种语言的时候，你仍然会学到一些新信息，但现在第三圈的一部分与你的另外两圈重叠

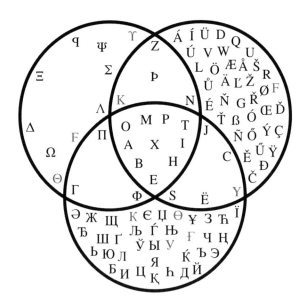

显示希腊文、拉丁文和西里尔文中共用大写字母的维恩图

了。每增加一种语言，圆圈所占的总面积会增加，但圆圈中构成全新信息的部分会变小，从而使每一种新语言都更容易学习。

如果掌握一门语言使你更容易学习新的语言，而新的语言又能帮助你更容易地掌握另一门语言，那么更多语言促成更多学习，更多学习又促成更多语言，语言和学习就可以在一个相互促进的模式中愈行愈远，无穷尽也。

有趣的是，随着这种重叠使得学习额外的语言变得越来越容易，从认知上管理所有语言之间的竞争却也变得越来越困难，大脑在经历着挑战和优化。此外，正如我们在多语大脑章节中所看到的，语言学习对大脑某一区域的影响会在其他区域产生级联效应。例如，更好的认知控制能增进听觉处理能力，从而形成一个良性循环，使学习其他语言变得更加容易，而这又进一步改变大脑活动，从而继续改善认知功能，如此反复。鉴于感官和执行功能对语言学习的重要性，掌握双语的其中一个结果是学习新语言的能力增强了，从而使接触多语而产生的神经重构循环得以延续。至少在某些人身上，大脑学习语言的潜力可能是无限的。

这就是为什么说语言是促进人类进步强有力的工具。即使是在大脑与大脑之间的非语言交流成为可能之后（神经科学关于记录和传递神经活动的新发现表明，这可能不再只是科幻小说的情节了），语言符号系统对我们获取、编码、解码与共享信息的能力仍然至关重要。

第十章

# 思维的密码

在多语历史上，最著名的文物之一是1799年在埃及罗塞塔镇（今拉希德）发现的罗塞塔石碑。在发现罗塞塔石碑之前，没有人知道古埃及象形文字的破解之道。罗塞塔石碑上有三种不同的文字，分别是古希腊文字、古埃及草书和古埃及象形文字。古希腊文是当时埃及的统治者，即亚历山大大帝征服后的希腊马其顿人所使用的书写系统；古埃及草书是埃及人民日常使用的文字；而古埃及象形文字圣书体则为祭司和宗教阶层所使用。罗塞塔石碑诞生时，这三种文字都在埃及使用，意味着在那个历史时刻（2200多年前），至少有一些埃及人知道一种以上的文字。

尽管有了罗塞塔石碑的帮助，埃及学家也花了很多年才破译出埃及象形文字。破译迈锡尼希腊语的线形B文字也同样花了几十年时间。

近些年来，机器学习和人工智能使破译密码的速度大大加快。例如，在澳大利亚麦考瑞大学的研究人员和谷歌数据科学家的共同努力下，古埃及象形文字在很短的时间内就被翻译成英语和阿拉伯语。解密代码和加密代码是一项宝贵的技能，也事关国家安全和国际安全。

在第二次世界大战期间，破译敌对武装势力的信息对确保胜利和引导战争进程起到了至关重要的作用。德国的恩尼格玛密码是重中之重。恩尼格玛使用一种密码机对字母进行加密，使德国人得以通过加密的方式安全地传送信息而不被盟军所知。来自英国、法国、波兰和其他地方的密码学家多年来一直致力于解决恩尼格玛的问题，而德国人则不断地修改和加强它。正是杰出的英国数学家艾伦·图灵破解了这一著名密码。2014年的电影《模仿游戏》就讲述了恩尼格玛如何被破解并影响第二次世界大战进程的故事。

图灵本人通过"图灵完备性"和著名的"图灵测试"这两个概念进入了公众视野，前者是计算机科学中用来描述编程语言的术语，后者是测试对话另一端的计算机是否能冒充人类。最初，由于机器对话还相当原始，识别机器易如反掌。随着符号表示法的进步，符号系统在遵循复杂规则的能力方面不断进化。现代计算机进行的对话越来越接近人类的对话，这导致人们猜测人工智能最终可以通过图灵测试，并能够以与人类无异的方式进行对话。

如今使用的密码是依赖符号及规则开发的复杂语言，用来保护或公开国家机密，控制对大规模基础设施的访问，以及运营大型金融集团。近年来，密码破译者制造了一系列21世纪最大的数据泄露事件，包括公司（如Microsoft Exchange邮件服务系统、在线交友网站Adult Friend Finder）和政府机构（如2020年美国联邦政府数据泄露事件）。2021年，对科洛尼尔管道的网络攻击中断了美国东海岸的天然气供应，造成混乱和恐慌，破坏了关键的基础设施系统，并威胁到了公共安全。在另一次攻击中，一个黑客攻破了佛罗里达州的供水系统，将氢氧化钠的含量从百万分之一百突升到百万分之一万一千一百，试图毒害供水。对于那些享受语言挑战的人来说，破译代码就像游戏那样好玩。1999年，一个15岁的孩子黑进了美国国防部的电脑，截获了数千条政府组织的内部信息。当然，还有一种黑客行为是诱使人们访问受限制的信息。

也就是说，有些语言的创造是为了实现和促进交流，而另有一些语言的创造则是为了限制信息的获取。

几千年来，人类一直在创造语言。这些语言被称为"自然语言"——它们随着时间的推移而演变，并被用于交流。根据人们对自然语言的定义，当今世界上有超过7000种自然语言在被人们使用着。它们横跨140多个语系，其中约80种语言是世界上大约190个民族国家的官方语言（民族国家的确切数量和官方语言的确切数量根据地缘政治的变化而波动）。这只是人类长期以来使用的所有语言中的一小部分，而且每年都有更多的语言在灭绝。

我们不可能知道人类或人类祖先说出的第一个词是什么，因为不曾有口语词的记录，而且这也取决于我们在何处划定单词和史前祖先的界限。我们充其量只能根据对早期人类发音系统的解剖学研究，以及对不同语言中的词汇频率和重叠的统计分析来进行猜测。

即使涉及书写，要弄清什么是最早的书面语取决于人们对书面语的定义，以及像洞穴图画、象形图和字形符号这些是否能算作书写。人们一般认为，最早发现的书面文字是公元前3500年前后美索不达米亚的苏美尔语楔形文字。现代文字，即一个声音对应一个特定符号的文字，其起源通常可追溯到公元前1800年至公元前1500年之间形成的原始西奈文字。我们所能知道的最早的非常接近现代字母的线性字母是腓尼基字母，是在公元前1050年至公元前150年发展起来的。腓尼基字母表由22个字母组成，全部是辅音，元音隐含其间。

从理论上讲，人体可以创造出几乎无限数量的声音来用于语言。潜在的语音数量取决于我们在说话时如何控制肺部的气流，以及我们的嘴和舌头的位置。元音是由舌头在口腔中位置的高度和前后、嘴唇的圆度，以及发声时紧张或松弛的程度决定的。辅音是由发音位置（在声道的哪个位置收紧）、发音方式

（收缩的窄度、空气的流动方式和舌头的位置）和发音清浊（声带是否振动、如何振动）等因素共同决定的。从解剖学上讲，只要在每个组合中改变其中一个变量，哪怕只是改变一点点，就有无限的选择来产生不同的声音。但尽管从解剖学的角度我们可以产生无限的声音，但实际上每种语言中只会用到少数组合。

辅音和元音的确切数量因语言而异。辅音和元音较少的语言有夏威夷语和皮拉罕语，前者只有5个元音、8个辅音，后者只有3个元音、7个或8个辅音；较多的有立陶宛语和丹麦语，它们分别有12个元音、47个辅音和32个元音、20个辅音。柬埔寨高棉语字母表有74个字符，而巴布亚新几内亚布干维尔岛上的罗托卡斯语只有12个字符。语言在声音组合方面也有很大差异。例如，在西班牙语中，单词不能以/st/或/sp/开头，除非在单词前面添加/e/音。在英语中，单词不能以/kj/或/gb/开头。在格鲁吉亚语中最多可以有8个连续辅音，波兰语最多可以有6个开首辅音，而在赫蒙族[1]，/h/是唯一的辅音。为了能够记录和再现所有人类语言中所有的声音，人们创造了一种字母表，称为国际音标（IPA），它被语言学家、言语病理学家、语言教师，以及其他科学家、临床医生和教育工作者用来记录各种语言中的声音。

---

1　赫蒙族（Hmong）在我国称为苗族，在越南称为赫蒙族，是一个跨境民族，居住在我国西南部、越南北部、老挝、泰国等地。

有些差异是如此微不足道，以至于讲其他语言的人无法察觉。无法听出母语中不存在但在其他语言中存在的声音差异，这再常见不过。许多说日语的人很难区分/r/和/l/这两个音（因为这两个音在日语中对应的是一个音），许多说西班牙语的人则很难区分/v/和/b/这两个音（这两个音在西班牙语中发音很相似）。这些困难并非不可解决，训练说话者对新声音的感知并产生新发音是完全可能的。对大脑的功能神经成像研究表明，在区分和学习新声音时，神经活动发生了变化。

创造语言对人脑来说并不是一个罕见的现象。我们"谷歌"，我们"众筹"，我们创造新词。年轻的孩子们一直在自发地发明新词。列夫·托尔斯泰在1936年写道："（儿童）能更好地理解单词的构成规律……因为没有人像儿童那样经常冒出新词。"俄罗斯童书作家科尔涅伊·楚科夫斯基（Kornei Chukovsky）关于儿童语言的经典著作《从两岁到五岁》中描述了一些儿童发明单词的例子，这些词可能正在世界其他地方使用着，或者在历史上的其他时期使用过。

　　有时，孩子会创造出语言中已经存在的词汇，但他自己或他周围的成年人却浑然不知。例如，我听到克里米亚一个3岁孩子自发地使用"puliat"（发射子弹）这个词，他整天用他的小步枪"puliat"，甚至不会想到这个词在遥远的顿河地区已经这样使用了几个世纪。在 L. 潘提列夫（L. Pantileev）写的一个故事中，一个雅罗斯拉夫尔女人说了好几遍："他们发射子弹了，他们发射子弹了！"另一个我不知道确切年龄的孩子，创造了"鞋器"（obutki）和"衣器"（odetki）的说法；这个年轻人住在敖德萨附近的大草原，离黑海不远。他也完全不知道这两个词在遥远北方的奥列涅茨地区，已经存在了几个世纪。

有些孩子不仅仅是想出个别的词，而是发明了一整套微型语言，以便与最好的朋友或一群特殊的朋友进行交流，或在日记中写下别人理解不了的秘密——有可能是字序颠倒的儿童黑话或是一套全新的独特语言。你可能认识这样的孩子，也可能你自己就是这样的孩子，或者有一个这样的孩子。

我的大女儿正是这样的孩子，她在学前班就发明了一种语言，然后在小学时开发了一种书写密码，这样她就可以和她最好的朋友传递秘密笔记。到了中学，她要了一本关于黑客的书作为圣诞礼物。她最终进入伊利诺伊州数学和科学学院（IMSA）上高中，这是一所由国家资助的三年制寄宿高中，《连线》[1]杂志称之为"黑客的霍格沃茨"。作为一名家长，我

---

1 《连线》（Wired）是 1993 年在美国创刊的一本著名科技类月刊，着重于报道科学技术对文化、经济和政治的影响。

记得别的高中是按照违纪行为的严重程度来处理学生的，比如从着装到酗酒，再到吸毒，而这所高中根据的则是学生参与黑客行为的严重程度，比如从修改成绩单上的分数到闯入政府机构。

今天的YouTube联合创始人陈士骏（Steve Chen）、贝宝（PayPal）联合创始人潘宇（Yu Pan）、Yelp联合创始人拉赛尔·西蒙斯（Russel Simmons）、SparkNotes和OkCupid联合创始人山姆·亚甘（Sam Yagan）、Hearsay Social创始人史宗玮（Clara Shih）以及其他许多技术领域的创新者，都由曾经的IMSA少年成长而来。五角大楼或者说国防部门出于国家安全的需要，一直在推动技术发展方面起着主导作用。其中一些技术如今在社会上被广泛使用，最引人注目的就是互联网和全球定位系统，它们成了每个人日常生活不可或缺的一部分。而硅谷和其他私营部门也正在为成功招揽优秀人才，并在发现与创新方面处于领先地位而拼尽全力。私营公司正在建议美国政府和国防机构采用商业技术，比如谷歌与五角大楼合作以提升其视频对象识别技术，或者微软以219亿美元的合同为军方量身定制增强现实设备。虽然有人指出将军事科技外包给私人的营利性公司存在风险，但也有另一方反驳说这是为保持国家竞争力而不得不为之。但不管是政府还是私营部门，能否成功保持领先地位，取决于他们在招募和培训多重符号系统的最佳学习者、使用者和创造者方面能力几何。

　　我在斯坦福大学休假时，遇到了几位来自其他国家的多语人士，他们正在技术部门开发计算机语言。其中一位16岁从麻省理工学院获得本科学位，19岁从斯坦福大学获得博士学位，而他也不过是硅谷芸芸众生中的一位，并没有那么与众不同。来自世界各地的精通自然语言和计算机语言的人才涌入，为硅谷及竞相推动创新和发现的学术组织和政府组织提供了宝贵的智力资本。

　　这是一个创造力的循环：多语产生更多的创造性思维，而更多的创造性思维产生更先进的语言。


　　正如望远镜向我们展示了其他行星和星系的存在，显微镜揭示了细菌在疾病中的角色，人工语言也帮助我们理解思想的代码。

　　人类自然语言和人工语言之间是一种共生关系，这意味着它们是互惠互利的。为理解是什么导致了成功的语言学习，我们需要理解语言学习背后的机制，而这一领域许多重要发现都来自对人工语言的精微实验。人工语言和人工智能建立在人类语言和思想所产生的知识基础上，反过来又产生新的信息，使得进一步推动人类思维和学习成为可能。

　　人工语言有着悠久的历史，可以追溯到12世纪一位名叫希尔德加德·冯·宾根（Hildegard von Bingen）的德国女修道院院长创立的伊格诺塔语（Lingua Ignota）。而世界上最广为人知的人工语言是世界语，由一位波兰医生于1887年创造，旨在成为国际交流的通用语言。世界语具有高度规则的形态和句法规则，可以在几个小时内学会，至少对讲印欧语的人来说是如此。

与自然语言不同，人工语言是依循形式逻辑构建的，主要用于科学、技术或娱乐目的。根据人工语言的定义，其数量的估计范围在50种（商业支持的通用语言）至9000种之间，取决于其定义是包括语法，还是仅包括词汇。其实清点人工语言的数量基本上是没有意义的，因为任何程序员都可以随时"创建"一种新的计算机语言，或者修改现有语言以生成新的语言，而任何有抱负的作家都可能给他的角色编造一种虚构语言，因此语言的数量在理论上是无限的。

人工语言大致可以分为三种类型。第一种是计算机语言，如Python、Java、JavaScript、C、C++和C#。第二种是为娱乐而创造的语言，用于电影、书籍和游戏，如《阿凡达》中的纳美语、《权力的游戏》中的高等瓦雷利亚语、《星际迷航》中的克林贡语及《指环王》中的精灵语。第三种是用于研究的语言，如Brocanto、Láadan和Colbertian。像世界语和拉丁国际语（Interlingua）的人工语言介于第二种和第三种之间。一些在线语言学习平台，如"多邻国"[1]，支持克林贡语等多种人工语

---

1 多邻国（Duolingo）是一款语言学习工具软件，2011年创立于美国匹兹堡。它提供40多种语言课程，包括英语、日语、韩语、法语、汉语等使用人数较多的语言，也包括威尔士语、纳瓦荷语等小语种和濒危语言。

言的学习。

我在这里只简单说说计算机语言，不仅是为了揭开它们与自然语言的相似性，也是为了阐明语言促进学习与进步的力量。就像人们使用的自然语言一样，计算机使用的语言也由符号组成。这些符号系统组织的是知识和信息。人工智能和人脑都专注于编码、解码和获取新信息，换句话说，专注于交流和学习。与自然语言一样，计算机语言也可以有效地将大量信息编码成更小的单位，并且可以从一种语言"翻译"成另一种语言。例如，像COBOL这样的古老计算机语言经常需要被翻译成现代计算机语言。因此，即便计算机语言日新月异、变得更为复杂，公司和系统也可以继续访问几十年前的信息。随着人工语言将越来越大的信息块编码为更小的符号单位，人工语言的快速发展正以指数级的速度加快科学发现的步伐。回望历史，编程、数学和人工智能的进步与符号表示法的进步是齐头并进的。

除了技术进步（如计算机语言），以及建立想象的世界（如克林贡语、精灵语或多斯拉克语），人工语言也可以帮助我们深入了解自然语言的获得，洞悉我们心灵和宇宙的密码。克林贡语甚至还被用来评估语言学习能力，可以通过测量克林贡语由语音映射到符号的能力来预测英语语言的熟练程度。

正如我们前面所看到的，自然语言在其使用的语音、采用的书写系统、依赖的模式、语法系统和规则及其他一系列参数方面都有差异。每种语言内部也有差异（单词在具体性、频率、可发音性和其他变量方面有所不同），而且语言使用者之间也有差异（熟练程度、认知能力、接触情况、居住地点和交往对象等）。因此，在研究自然语言时，隔离任何一个变量的影响都是困难的，甚至根本无法达成。

这正是为什么创造人工语言并根据需要操纵其属性是研究语言的一个好方法。人工语言可以通过控制自然语言中存在的巨大变异性来研究语言习得，是非常有用的工具。有了人工语言，我们就可以用缜密控制的方式更广泛地研究多语、思维和交流代码，而这是自然语言做不到的。研究人员不仅可以控制学习者之前使用该语言的经验，还可以控制语言本身的属性，以消除相关变量的影响，模拟自然语言的发生与习得。通过开发缜密控制的人工语言，我们便有可能操纵它们与已知语言的异同度，并研究诸如概率频度、书写系统、语言经验，甚至婴童语言发展等变量的相对影响度。

例如，许多关于语言习得的研究都使用了Wug儿童语言发展测试。Wug测试使用无意义的伪词来研究儿童如何习得词法，如复数的标记s。孩子们看到一只可爱的蓝色小动物Wug的图像，被要求将关于Wug的不完整句子填充完整。孩子们将规则归纳到从未听过的新刺激（Wug等词）的能力表明，人类学习语言并不是通过单纯记忆和重复他们听到的内容，而是从周围的输入中提取模式，大脑推断出规则，并将推断出的规则归纳到新的刺激源中。

在我的实验室里，我们通过教人们学习莫尔斯码等人工语言，了解到很多关于语言和思维的工作原理。在一项研究中，我们开发了一种叫作 Colbertian 的微型人工语言。它的命名来自我们美国西北大学的校友斯蒂芬·科尔伯特（Stephen Colbert），他本身就是一名喜剧演员和文字工作者，发明了"truthiness"和"lincolnish"等新词。我们使用这种微型人工语言来改变一些参数，如单词中字母和声音的共现频率，以及与已知语言中单词的相似程度，以更好地了解单词的各种属性如何影响第二语言或第三语言中的单词学习。其他实验室也使用 Brocanto 等人工语言来研究语法学习。

然而，人们可能会质疑，学习这些去除特异性的人工语言是否能够真正为我们提供学习自然语言的方法。当然，即使是一种符号语法规则的人工语言，与自然语言丰富生动的感官输入、语言结构、运动执行、思想、信念与记忆相比，也必然是苍白无力的。然而，正如物理学家可以通过碰撞粒子来研究宇宙的起源一样，心理语言学家也可以使用人工语言来研究语言与思维。大脑在处理自然语言和人工语言时有大量神经激活是重叠的，这正说明了在多语研究中使用人工语言的效用。

迄今为止，实验室中的人工语言主要被用来研究如何学习发音、书写、词汇和语法，但对于更高阶的思维过程，如类比推理或学习事件结构，人工智能尚力不能及。展望未来，今后的研究应该致力于解决人工语言是否可以被用来更好地理解高阶认知功能发展这一悬而未决的问题。人工语言能够把复杂过程中的关键成分提炼出来，所以它可能是理解人类特有能力之匙，人类能以此打败哪怕是最先进的人工智能。

我们的心理构造，也就是我们目前认为的"思想"，是否有可能像定义人工神经网络层次的数学化描述那样，用计算术语表达出来？将神经科学与机器学习相融合，以训练神经网络的研究正在这条道路上持戈试马。

我们已经进入了一个与众不同的语言研究时代，它是由大型语料库和先进计算能力共同造就的。由此，语言科学家们拥有了前所未有的能力，能够进行大规模的研究，并跨越一种语言或多种语言中的多个变量。这些使用大型语料库分析进行精确、受控研究的能力，正以前所未有的速度推动着科技进步。它还推动了科学和发现的民主化，因为它使我们所有人都能够利用在线工具，能够开发新的方法来拓展人类知识的疆界。

部分原因是计算机科学和人工语言使用通用的数学符号，因此它们有可能超越人类语言的局限性。当然他们现在还尚未超越。目前，计算机语言使用的是自然语言中的符号（关键词），同时也会用到数学符号。它们使用可以用数学术语描述的形式语义。到目前为止，数学和计算机科学是相辅相成的。柯里-霍华德同构（Curry-Howard isomorphism）就告诉我们计算机程序和数学证明之间有着直接对应的关系（同构指的是在映射两个集合时所保有的集合元素之间的一一对应关系）。

数学和人工智能是同一枚硬币的两面，目前的状况是否会无限期地持续下去？还是两者会在未来产生潜在的分歧？没有人知道答案。一些人认为数学和人工智能之间的关系类似于语言和人类智能之间的关系，而这种相似的局限以及两种映射之间的差异引起了激烈的争论。

正如伽利略所提出的那样，数学是上帝书写宇宙的语言吗？

符号系统是人类所掌握的最神奇的工具之一。你可以用符号做各种神奇的事情。比如用"苹果"这个符号，你可以给某人提供吃食，可以描述苹果酱或苹果派的原料，可以讲亚当和夏娃的故事，可以传递健康智慧（"一天一苹果，医生远离我"），也可以用它形象地表情达意（"眼中之苹果，掌上之明珠"）。你可以用符号向别人传达你的所思所想，讲述你的过去情况与未来计划，你可以对一个人或一群人通过口语表达符号，也可以写下这些符号，跨越空间和时间进行交流——就像此刻我正在做的那样。

根据维特根斯坦的"语言游戏"理念，语言本身就是"我们都同意的一个语言游戏"的例子。在这个意义上，"究竟是什么构成了语言"成了一个定义问题，而且是一个没有得到普遍认同的定义问题。例如，国际象棋是一种语言吗？国际象棋既有规则也有具体的符号，棋手们可能会认为它确实是一种语言。

　　数学是人类大脑开发的最强大的符号系统之一。据说，希腊数学家阿基米德被罗马士兵杀害时，正致力于解决一个数学问题。数学符号自带意义，并遵循一套规则，这些规则被组织成可以被他人理解的结构。我们所知的物理世界的诸多特性都可以用数学模型来描述和预测。数学方程可以模拟冰与水之间边界的变动，证明融化的冰的表面始终保持平滑。甚至树叶的形状也是由分形决定的，遵循着数学的规则。数学的预测力使我们的科技进步成为可能。数学帮助爱因斯坦从理论上预测了许多现象，这些现象直到现在才通过观察得到证实。爱因斯坦的名言"上帝不掷骰子"，说明了他深信自然和宇宙最终可以用数学模型来描述。

　　和诗歌一样，数学本身就是一种语言，是一种以强大方式塑造我们思想和大脑的代码。与诗歌不同的是，数学是我们今天最普遍使用的语言，最可以称之为"通用"语言。数学被认为是科学中的女王，因为它可以描述、解释和预测宇宙中的许多事情。数学的历史，与语言和人文的历史总是齐头并进。从使用零表示数量开始，一直到量子物理，数学是我们与科学进步最紧密相关的语言。

　　两千多年前，希腊思想家埃拉托色尼首次使用数学符号来估算地球的周长。尽管人类自史前时期就已经能够表示数量、长度和时间，但目前已知的大多数数学符号直到16世纪才开始普遍使用。在此之前，书写数学问题时用的是纯文字。微积分"calculus"这个词起源于希腊语中的卵石，因为古希腊人用卵石来代表数字。甚至著名的希腊哲学家毕达哥拉斯（学生们今天仍在学校学习他的定理），也要依靠卵石来计算数学方程式。缺乏符号标记系统是数学史早期发展缓慢的主要原因之一。数学是借着符号的发展才得以展翅翱翔的。

如果说数学是宇宙的语言，那么其他物种也有数学能力就不足为奇了。研究动物认知的学者发现，即使在昆虫身上也有计数与算数的能力。尽管大脑体积很小，但蜜蜂会计算地标，蚂蚁会记录所行的轨迹。众所周知，渡鸦和乌鸦具有相当复杂的数学能力，包括将零的概念理解为一个数量，而不是什么都没有。这是人类儿童在大约6岁时才具备的能力。记录乌鸦执行数字任务时的大脑活动表明，和人类与其他灵长类动物在前额皮层所发生的一样，乌鸦的大脑神经元将零认作一个和其他数字类似的数量。我们仍然不确定其他物种的数学知识可以有多深刻复杂。在2018年的一项研究中，在通过使用包含1～6个特征的刺激物从而将个体蜜蜂训练出"大于"或"小于"的数字概念后，蜜蜂可以在一个数字连续体上对数字进行排序，其中包括抽象的零概念。蜜蜂的非凡能力甚至为它们的研究者赢得了诺贝尔生理学或医学奖[1]。

---

1 指的是德国科学家卡尔·冯·弗里希（Karl von Frisch）因对蜜蜂行为模式及其社会行为规律的卓越研究（蜜蜂8字舞研究）获得了1973年的诺贝尔生理学或医学奖。

　　数学，哪怕只是计数，都可以成为一种交流方式，对于其他物种也是如此。某些种类的青蛙和蟾蜍在它们的交配仪式中依赖数量取胜。在南美泡蟾的交配竞赛中，一只雄蛙在叫声结束时发出一个短促的脉冲音"咔"，而竞争对手在叫声结束后发出两个"咔"，接着第一只青蛙发出三个"咔"，第二只发出四个"咔"，依此类推，直到它们喘不过气来。这种轮流为它们的叫声添加一个声音的做法不仅证明了它们能够跟踪叫声的数量，从而进行计数和简单的运算，而且也是在其他物种中使用数学作为交流方式的一个例子。

　　更值得注意的是，只有在正确的时间出现了阈值数量的声音脉冲时，南美泡蟾脑中的听觉神经元才会选择性地做出反应，而这些间隔计数的神经元代表了青蛙某些行为性计数能力的神经相关性。也就是说，泡蟾这些神经元的反应似乎反映了一个计数过程。

　　在人类中，一个人能记住多少位数及进行数学计算的速度，受其语言中数字单词长度的影响。在其他条件不变的情况下，语言中数字词较长的人比语言中数字词较短的人需要更长的时间来完成心算题。

　　毫不奇怪，不同语言的数字系统有很大的不同。例如，英语使用十位数字系统，也被称为十进制系统。然而，并非所有语言都是如此。法语在数到70之前使用的是十进制，但随后转换为十进制和二十进制的混合。法语中数字70的说法为"60

加 10"，80 为 "20 的 4 倍"，90 为 "20 的 4 倍再加 10"。丹麦语在 50 之前与英语类似，但到 50 就会切换到分数系统，50 被表述为 "20 的 2.5 倍"，70 是 "20 的 3.5 倍"，90 是 "20 的 4.5 倍"。有些人认为，最佳的数学基数是 12（也被称为十二进制）。使用十二进制的自然语言很少，但它们确实也存在。在一种使用 12 作为基数的十二进制语言中，29 是（12×2）＋5，而 95 是（12×7）＋11。你可以明白为什么这些数字系统不那么常见了，尽管今天仍然可以在尼日利亚和尼泊尔的一些语言中找到它们。

还有更有趣的语言呢。新几内亚的奥克萨珀明（Oksapmin）的计数系统是二十七进制的，其中用于计数的单词是身体各部位的名称，从一只手的拇指开始，向上到鼻子，然后从身体的另一侧向下到另一只手的小指。索西语（Tzotzil）是在墨西哥使用的一种玛雅语，它使用的二十进制计数系统，用手指和脚趾的名称计数。古巴比伦人使用以 60 为基数的数字系统，称为六十进制。如今，六十进制系统被用来测量时间（每分钟 60 秒，每小时 60 分钟）、地理坐标和角度。即便两种语言间的数字系统没有天差地别，学习另一种语言也常常涉及对另一种数字系统的学习。对于多语学习来说，数学被证明是一个很特殊的例子。对于大多数多语者，甚至是多年来已将第二语言作为主要语言并讲得非常流利的多语者，在进行数学计算时往往会回转到第一语言上。最初学习数学的语言很可能是一个人一生中数学运算的默认语言，包括基本算术等简单的数学任务，哪怕他对另一种语言已经运用自如，甚至比母语的熟练程度还要高。

卢森堡大学的一项大脑成像研究表明，双语者在用第二语言解决数学问题时，更有可能调动通常涉及空间和视觉思维的大脑区域。这可能是因为多语者的各个大脑区域关联度更高，也可能是因为他们在每种语言中的自动程度较低，所以更倾向于将问题可视化。

学习不同语言的规则和词汇，可能对大脑识别和处理新的计算信息也是一种训练。在一项研究中，双语大脑的基底神经节对新的数学问题的反应比对旧问题的反应更大，而且双语者在解决新问题时比单语者快约半秒，但在熟悉的问题集上表现相似。当你躺在沙发上看电视时，半秒可能显得微不足道，但从神经和计算的角度来看，这已是相当有意义的时间差（想想你的电子设备刷新和下载信息的速度）。

对数学专家大脑网络的研究表明，高水平的数学思维首先调动的是涉及空间和数字的神经回路，并没有调动传统的语言区域。在各项数学任务中对数学专家的大脑进行扫描时，我们并没有发现数学反应网络与句子理解及一般语义知识激活的区域之间有重叠的部分。这表明，在其他研究中观察到的双语者和单语者之间数学成绩的差异，可能不是由于双语者知道更多词汇或掌握更多语言的"量"的差异，而是由于多语导致认知系统的"质"的转变——大脑在语言之外进行了重新配置。这项研究得出的一个有趣的结论是，数学专家在右侧梭状回[1]中对人脸激活程度的降低——这一发现很耐人寻味，因为另有对阅读专家的研究表明，他们将该区域的反应从人脸转向文字，就像数学家对数字的反应一样。这一来自数学的发现再次说明了大脑的可塑性，以及它如何通过经验来重塑，无论是掌握多语，还是数学与阅读。

　　"学习催生学习"这一指数级学习增长公理并不仅限于自然语言，也适用于人工语言、数学及逻辑。某年圣诞节，我女儿买了一套可堆叠戴的戒指。我拿了3个，戴在无名指上，说："看，妈妈有3个戒指。每一个都可以把尖头朝上或朝下，

---

1　梭状回，是大脑颞叶与枕叶的一部分。

而且我还可以改变3个戒指的顺序。那么妈妈可以用这3个戒指创造多少不同的设计？"

如果你像我女儿一样回答48个，那么恭喜你回答正确（78也是对的，如果你除了三枚戒指的组合之外，还把两个或单个的设计包含在内）。我的孩子们现在能比我更快地解决这样的排列组合问题（尽管我是玩着魔方这一最经典的排列组合难题长大的）。他们已然超越了我，就像他们在滑雪和电子设备的操作方面超越了我一样。我把这归功于他们年轻苗壮的大脑神经灵活性，但这和他们从小就玩脑力游戏也是分不开的。在我成长的过程中，我的祖父母就一直在给我出趣味智力题。就在上周末的家庭聚餐上，我父亲问我小一点的孩子们："如果你没有手表，只有些火柴和两根绳子。如果从一端点燃绳子，每根绳子需要一个小时燃尽，那么你怎么能知道已经过去了45分钟？"还有一个就是狼、山羊和卷心菜的过河问题，大家对这个问题的很多版本都一定耳熟能详：如果你一次只能带一个过河，但又不能让狼和山羊一起待着，或让山羊和卷心菜一起待着，你如何用船把这三个都带过河？这些问题可能很幼稚，但每一个问题都让大脑学会了如何解决问题。而每解决一个问题，思考出解决问题的新方法也会变得更加容易。

# 第十一章

## 科技的未来

我们仍在试图了解语言的终点在哪里，无语言思维的起点又在哪里，以及两者之间是否有一个界限。究竟是思维在先，还是语言在前——这是心理语言学版本的鸡生蛋问题。虽然有些人认为思维先于语言，但当被问及他们为何有此判断时，他们给出的答案通常会依赖于用某种形式的语言测量手段。换句话说，我们还是得根据语言来知道某人在想什么。因为我们靠语言来评估思维，而且这两者紧密相连，所以很难将它们分开。

随着数学符号、计算机科学和人工智能的发展，我们已经能够通过数学工具将逻辑和知识从口头语言中分离出来。然而，正如之前所讨论的，数学本身就是一种语言，是一种符号系统。就像你我用来相互交流思想的文字符号一样，数学符号也被用来交流思想、指令和计划。换句话说，数学呈现的并不是一种无语言思维，而是可以用来编码、交流和发现的另一种符号系统。

因为我们通常使用语言来研究思维，如果缺少语言的交互影响，衡量思维几乎是不可能的。从实证上分离语言和思维的一个可能富有成效的途径是对语前婴儿的研究。科学家们一直在研究婴儿的认知，他们利用简单的行为测量，如吸吮率、眼动或头部转动的方向和持续时间，试图找到思想和语言的起源。事实证明，很小的婴儿在会说话之前就已经有了复杂的认知能力。

但即使是这种研究思路也有人提出异议，因为婴儿在会说话之前就已经能理解某些对他们说的语言，甚至在他们能够理解之前就已经接触到了这些语言（包括在子宫内尚未出生时），这意味着语言甚至先于出生就已经在塑造他们的思想。由于婴儿尚在子宫时就已经有了语言输入并会对这种语言敏感，因此将思维和语言分离研究并不像想象的那样容易。

我们一度认为，使用fMRI、EEG或眼动追踪等新技术可以让我们获得无语言思维，因为我们并没有使用语言，而是通过测量神经活动或眼球运动来代替思维。但这也被证明是歧途，因为我们使用的仍然是基于语言的标准来比较大脑活动或眼球运动的模式。

研究语言和思维之间的关系，不可避免地会引出语言从何而来的问题，同样还有思维从何而来的问题。如果语言和思维是同一枚硬币的两面（正如我们在讨论语言决定论时看到的，这种观点值得商榷），那么语言的源头就必须来自人类领域之外，因为没有语言就不可能有思维，并且在语言之前就不会有思维。

即使当你发现一种完全不需要语言的行为时，这种行为也可以在其他动物中找到，在这一点上留给我们的问题是，到底什么是思维？如果我们认为的无语言思维也可以在其他非人类物种中找到，那么这是否意味着这些非人类物种也有思维、逻辑、意识和感知能力？如果动物也能思考和交流，那么什么是思想，什么是语言，生而为人又意味着什么？并且，符号性语言是我们这个星球上的物种所独有的吗？

其他物种的语言（取决于语言的定义）和交流的例子很多，关于动物认知现象的例子也不少。2021年《科学》杂志上的一项研究报告说，大银线蝠的幼蝙蝠发出的咿呀声具有与人类婴儿的咿呀声相同的特征，包括重复性和节奏性。蚂蚁会与外来蚂蚁交流，它们所用的语言可以被分析出来。

如果我们把语言定义为用于与其他实体交流的电信号，那么根据这个定义，像菌类这样的生物体也能出乎意料地相互交流。蘑菇可以使用多达50种不同的电脉冲来共享信息。这些脉冲甚至可以在地下传输，以相互交流食物或危险，简直算得上"蘑菇通讯员"。计算机科学家甚至提出这些电信号与人类的语言相似。但是真菌学家（研究蘑菇、霉菌和酵母等真菌的生物学家）在谷歌翻译中加入"真菌语"（Fungusese）的词条时踩了刹车，认为这些神经尖峰信号可能只不过是营养脉冲，在其他植物中也能看到。

我们甚至有理由相信，使用和切换多种通信代码的能力并非人类独有，在山羊、鸟类甚至裸鼹鼠等物种身上也可以观察到。裸鼹鼠是一种生活在地下的啮齿类动物，目盲且近乎聋，它们发出独特的唧唧声，而不同的裸鼹鼠群体还有不同的方言。裸鼹鼠能够识别通过唧唧声传递的社会信息，相应地改变它们的行为。当幼崽被转移到其他族群时，它们会学习寄养族群的方言。方言受到族群中女王的影响，若女王被替换，方言也会发生变化。在一项研究中，在一个族群经历了一系列政变、两代女王接连被杀害而由新的女王取而代之时，族群语言很快变得不那么稳定而更加多变。像这样的研究表明，无论在个人层面，还是在群体和物种层面，能够使用多种交际代码进行生存的价值更大。如果我们和裸鼹鼠有什么共通之处（我们确实有），那么我们灵活使用不同语言的能力，学习它们并用它们交流的能力，可能至少在一定程度上决定了我们的族群是走向繁荣还是灭亡。

作为一位爱狗人士，我可以半开玩笑地说，我的狗能听懂我的某些语言——可能不如我的学生，但比我的孩子好点。而作为一名科学家，我不得不说，这其实取决于你对语言的定义——你是否认为死记硬背然后举一反三就是语言，还是自发产生新的语言组合——它们真的是全然不同。关于其他物种交流和认知能力的研究非常吸引人，你可以在YouTube上花大把时间观看可爱或不那么可爱的动物表演各种语言和认知技能的视频。

科技的进步会对人类及其沟通能力产生巨大的影响，但积极的影响往往也伴随着负面效应。考虑一下一个事实：现在已经有可能将神经科学和计算机科学结合起来开发出一种可以植入大脑的装置，将神经活动转译为语言。这已不再是科幻小说的情节。神经科学家现在可以使用机器学习将大脑的电信号转换为合成语音，这项技术已经开始用于帮助那些有交流障碍的人。例如，由于中风或声带麻痹而导致说话能力丧失的失语症患者，已经可以从临床研究中的可植入设备中获益，这些设备能够帮助他们实现交流。目前，这项技术还很初级，只能在简单的单个单词水平上实现从思维到语言的转换，并且还需要进行有创的大脑手术。但是它证明了在不太远的将来，通过最小的医疗干预来生成句子和复杂自然语言的能力是可以实现的。

当今最先进的脑机接口之一是所谓的神经粒子。神经粒子是散布在大脑各处的微小芯片，可以记录大脑活动并将其传输到计算机，还可以用来刺激生物大脑本身。目前，这些芯片约莫为盐粒大小，主要由硅芯片制成，仍然只在大鼠和其他啮齿动物等物种中进行实验。人类需要更小的传感器，这样植入大脑的损伤就会更小，并且不容易被免疫系统检测到，以免将其作为外来物加以排斥。另外，我们还需要开发出更高的植入技术（目前植入神经粒子的手术技术还很粗糙）。神经粒子的安全性和寿命仍有待确定，而且我们还没有能力充分、有意义地解码并解释神经粒子发送的数据。

我们收集一个人的神经活动，并使用技术将其翻译成可以与他人交流的语言，这是一种开天辟地的能力。它能在很多方面帮助人类，比如可以帮助那些丧失沟通能力或生来就没有沟通能力的人，可以自动将想法翻译成另一种本人未曾学过的语言，无须打字，不用说话，甚至一动不动就能直接交流，还可以促成思想之间更快、更便捷的交流，使工作更加积极有效。再比如，神经粒子还可能让大脑和脊柱损伤的患者恢复运动。这些技术将成为我们人类未来的一部分，并改变我们个人与社会的面貌，让我们的语言和交流方式焕然一新。

想象一下有一天我们能远程记录神经活动，理解它所反映的思想，以便在没有口头或书面语言的情况下相互交流。如果这样的事看起来遥不可及，那么请记住我们对电话远距离传输语音的能力啧啧称奇也是不久之前的事情。马塞尔·普鲁斯特在其代表作《追忆似水年华》中曾打趣道："当年电话曾是个不可思议的东西，它的奇迹曾让我们感到神乎其神，惊叹不已，可是时至今日，逢到要约裁缝来或者招呼店家送冰激凌来的时候，我们拿起电话就打，脑子里压根儿就没想着电话的神奇。"另外一件"神奇"的东西就是泰勒明琴（theremin），它是一种演奏者不经物理接触就能控制的乐器，主要通过在它附近移摆双手来操作。尽管它遵循明确的物理学和电子学原理，但如果你问人们泰勒明琴是如何工作的，许多人会错误地回答说那是手发出的能量在演奏乐器。这告诉我们一个道理，某物对我们来说不可见，并不意味着它很神奇或遥不可及。

同时，像其他任何发现一样，这些知识和技术也可能被用于邪恶的目的，比如人们能够通过记录他人大脑的神经活动来获取他人的想法，这些很可能是远程的、未经同意发生的，而且这样的事应该会有不少。在社会中如何运作此类技术的法律法规将是一个泥潭，需要制定严谨规则并严格执行才能进行成功管理。在目前对社交媒体和技术获取个人数据（包括搜索历史、消费者行为数据、医疗、金融、政治和个人信息）进行监管的尝试中，我们已经看到这种技术发展将带来何种道德与法律违规。当然，与对我们的思想和神经活动可能带来的影响相比，这些围绕技术隐私和社交媒体产生的法律案件及其政治影响只是九牛一毛而已。尽管还很遥远，但这项技术并未仅停留在理论上，它对人类的未来而言是明显现实的，而且已经完成了概念验证。目前，针对个人病症特制的大脑植入物正在进行临床测试，用于治疗癫痫、帕金森病，甚至是严重抑郁症。

当然，正如历史所显示的那样，科学进步既可以带来积极的作用，也可以产生消极的影响。最明显的就是核能了，它可以用来提供几乎取之不尽的可持续能源（如发电、供热等），但它也可以用来制造原子弹和其他核武器。爱因斯坦承认：

"我的人生犯了一个巨大的错误，那就是在建议罗斯福总统制造原子弹的信件上签了名。但当时也是有理由的，德国人也会把它们造出来。"尽管自爱因斯坦时代以来，核武器技术已经发生了变化，但其涉及的伦理问题对今天的科学研究仍然有着直接的意义。

不幸的是，相对于21世纪技术和方法的进步来说，伦理学研究是落后的。由于财政支持的倾向性，科学的某些分支比其他分支进展得更为迅速，有时甚至走在我们发展出对它的长期驾驭能力之前。虽然我们开始理解作为符号系统的语言和作为神经活动的思维之间的联系，并开始懂得如何测量这种联系且从中受益，但我们尚未充分知悉其中的局限与风险。引用科幻作家艾萨克·阿西莫夫（Isaac Asimov）的话说："目前生命中最可悲的就是，科学汇聚知识的速度比社会汇聚智慧的速度更快。"

这并不会阻止我们继续投资于科学和技术，科技造福我们的星球，使人类在面临挑战时更有可能生存下去，无论这些挑战是来自地球本身还是来自地球之外。然而，我们确实需要强调对伦理、道德、哲学、社会科学、人文、艺术和灵性的研究进行更多投资和同等支持的必要性，因为它们与技术一样对人类的生存至关重要。伊曼努尔·康德，这位坚定信奉道德原则的哲学家写道："有两样东西让人的心灵充满日新月异、不断增长的惊奇和敬畏——头顶的星空和内心的道德律。"

引用卡尔·萨根[1]的话，那些反科学的人不明白的是："科学不仅与灵性相容，它也是灵性的深厚源泉。"作为一名科学家，就是要不断惊叹于宇宙，并试图理解，无论是宇宙中的天地万物还是我们内心的觉知，无论是在恒星层面还是在亚原子层面，抑或是（就我而言的）语言—思维层面。

对于我们的语言及神经潜力，我们仍然知之甚少。正如宇宙学和天体物理学向我们提供了了解外太空的方法，心理语言学和认知科学也告知了我们探索内心世界的途径。对语言和心灵的研究也是对意识的研究。而我们除了意识到在我们所处的世界中宇宙和意识两者的存在，我们其实并不知晓它们之间究竟如何互动。

但比意识到我们人类所知甚少更令人沮丧的，是意识到许多人根本无心了解更多，其中包括一些当权者。于是，基础科学的价值被大大误解和低估了。是的，神经科学家记录乌鸦和其他物种的大脑活动，研究大脑的功能、起源、能力与潜力；生物学家研究除人类之外的其他物种（甚至是细胞）所能做的种种事情。基础科学为科学的具体应用并最终造福社会打下基础，并带来我们可能尚未完全理解其影响、效用和意义的新发现。决定研究经费分配的政策制定者常常不理解这一点。我仍

---

1　卡尔·萨根（Carl Sagan），美国天文学家、天体物理学家、宇宙学家，同时也是非常成功的天文科普作家和科幻作家。

然记得，当莎拉·佩林[1]在竞选副总统的演讲中批评美国国立卫生研究院将联邦基金用于研究果蝇时，我对听众的欢呼喝彩是多么失望，这表明她对果蝇模型的遗传研究可能为了解人类疾病做出的贡献一无所知。果蝇有60%的基因组与人类同源，约75%的基因可导致人类疾病。与人类不同的是，人类从出生到繁殖，再到死亡需要几十年的时间，而果蝇的生命周期则要短得多，这加速了跨生命期研究的可能性，也加速了许多人类疾病治疗研究的进展。（公正地说，莎拉·佩林并不是唯一一位对她不了解的事物指手画脚的政客，也不是最糟糕的。也许我之所以以更高的标准来要求佩林，是因为任何与阿拉斯加相关的事物在我心中都有特殊的位置。我期待一生都在捕鱼、打猎、与自然相处的人对自然界能有更好的理解。）

经济估算表明，每投入1美元用于研究和开发，社会就会得到至少5美元的回报，在另一些估算中，回报数字甚至高达20美元。研发投入，就像一台经过验证的促进人类进步和国家利益的引擎。然而，美国目前在研发方面的投资只占GDP的2.8%，低于以色列（4.9%）、韩国（4.6%）、日本和德国（均为3.2%）。自2000年以来，中国的研发投资每年增长16%。科学和创新的进步与对它们的投资成正比。对推动科学发展衰

---

1　莎拉·佩林（Sarah Palin），美国记者、政治人物，共和党人，曾任阿拉斯加州州长（2006年至2009年），是阿拉斯加州历史上最年轻的州长，也是第一位担任此职务的女性。

失好奇心并投资不足，会影响一个国家的实力、人民的生活水平、健康水平、危机应对能力以及国家的竞争力。

在美国国立卫生研究院研究科主持评估语言与沟通研究项目提案期间，我常常看到一些出色的研究申请得不到资助，因为分配给国立卫生研究院的资金太少，只有大约10%的申请能够脱颖而出得到资助，90%的研究因为得不到资助而无法进行。试想如果这两个数字正好相反，我们可以取得多大的进展？

我之所以选择移民到美国，正是因为我对美国的政府体系、宪法及法律，以及对它的科学家、人民和精神的欣赏。我是一个美国人，并不是因为我生于斯长于斯，而是我深思熟虑后的选择，是我做出的一个有意识的决定。在长达几个世纪的时间里，人才从世界各国流向美国。在美国，外国博士生数量众多，由极具创新力的移民所创办的公司也很多，这是全世界众所周知的事实。由移民创办的公司所雇佣的总人数，比美国劳动力中的移民人数还要多。而且尽管美国社会经济阶层之间的流动性相对较低（正如《纽约时报》"阶层问题"互动网站所显示的那样），但仍要高于其他国家。但是，选择归化为美国公民并不意味着忽视那些符合国家利益需要而有待加强的领域。投资研究和开发，就是一个收益远远大于成本的领域。

在培训多样化的研发人员队伍方面，有很多文章谈到了科学领域的多样性、公平性和包容性。有一个概念叫作WEIRD

群体，即西方的（Western）、受过教育的（Educated）、工业化的（Industrialized）、富有的（Rich）和民主的（Democratic）。这些词的首字母缩写组成的WEIRD是稀奇的意思，也确实很稀奇，因为这些人只占世界人口的12%，却代表了大约80%的研究人群，对科学和社会叙事的塑造有着不成比例的影响。

Neurotree是一个互联网上的学术家谱数据库，有点类似于传统的家谱或家庭树，但它显示的不是亲戚关系（如父母对子女），而是学术导师与其弟子之间的关系（如博士生导师和他的学生），它包含了几个世纪以来的成千上万的学者。当我查看Neurotree时，我仍然对学术世系中女性人数相对于男性人数的微不足道感到震惊，而这一世系可以追溯到数百年前。当我追溯我的学术谱系时，我找到了我的博士论文导师乌尔里克·奈塞尔（Ulric Neisser），他的导师S. S. 斯蒂芬斯（S. S. Stephens）和沃尔夫冈·科勒（Wolfgang Köhler），然后还有埃德温·波林（Edwin Boring）、爱德华·琴纳（Edward Titchner）、威廉·冯特（Wilhelm Wundt）、卡尔·哈塞（Karl Hasse）、约翰内斯·缪勒（Johannes Müller）和赫尔曼·冯·亥姆霍兹（Hermann von Helmholtz），还有其他几十名为科学和发现及人类进步奉献一生的杰出而勤奋的人，我想知道——女性在哪里？当然，论起聪明和勤奋肯定有一些女性不输男性，但她们在桌前却没有一席之地。在世界的许多地方，她们仍然毫无机会。当孩子们画科学家时，画出的更多的是男性形象；而且大多数人根本不知道任何女性科学家的名字，尽管在历史上她们对科学的每个分支都产生过影响。两千多年前亚历山大的希帕提亚（Hypatia of Alexandria），便是一位杰出的哲学家、数学家及天文学家，她体现了科学的故事也与女性息息相关（尽管这些故事鲜少流传），尽管许多人为此付诸一生，尽管她们中的大多数并未名垂青史。哲学家翁贝托·埃科（Umberto Eco）在他的著作《康德与鸭嘴兽》（*Kant and the Platypus*）的开篇中说："语言哲学的研究历史充满了男人（理性的凡物）和单身汉（未婚的成年男性）……"

　　直到最近几年，美国国立卫生研究院才明确表示，它所资助的研究不仅应包括男性，也应包括女性，而且应始终平等地进行。当前的社会动向是增强少数民族和种族在科学技术领域的代表性。在讨论多样性时，我们必须加上语言多样性。大多数科学文章都是用少数几种语言写成的。这意味着世界上一半以上的人口既不能从这些文章中获得分享的知识，也无法为这些知识做出贡献。因此，大量人口被排除在这些对话之外。在屠呦呦获得诺贝尔奖之前，疟疾治疗方法的发现在中国境外仅被引用过一次（屠呦呦是首位获得诺贝尔奖的中国女性，也是近千名诺贝尔奖获得者中仅有的58名女性之一）。在科学论文的参考文献中，根据作者背景决定引用对象的不平衡现象普遍存在。试想，如果知识的获取以及在知识经济中的参与度更加公平，那么科学技术的进步可以加快多少，人类又会有多大的进步？由于语言、性别、种族和其他形式的排斥，世界上大多数人的智力资源其实尚未得到开发；好好利用这些资源，将有助于解决全球变暖问题，有助于治疗癌症、心脏病等数不清的疾病，解决其他很多危机。

在瑞士国家研究计划资助的一项研究中，日内瓦大学的经济学家研究了专业活动中使用的外语并得出结论：瑞士的多语制给它带来了相当于381.5亿美元的经济优势。瑞士有四种官方语言——德语、法语、意大利语和罗曼什语，同时很多人也说英语，英语也被纳入了学校课程。媒体很快将这项研究解读为：多语制造就了瑞士十分之一的GDP。

瑞士的研究结果与欧盟委员会关于多语制和经济竞争力的研究结果如出一辙。欧盟委员会报告称，由于缺乏语言和跨文化沟通能力，11%的欧洲中小企业在出口方面处于劣势。在英国，政府估计由于外语能力不足的问题，英国每年的经济损失约为500亿英镑。

上至国家层面，下至雇主层面，培训多语劳动力都能够产生直接的经济效益。在科学技术领域，将多语人士纳入其中可以帮助找到某些有关人类状况问题的答案，而这些问题的解决除此别无他途。当语言多样化人群不被排除在外时，知识的进步会更深远更快速。

将语言多样化人群排除在研究之外，意味着对人类未能充分了解，并带来科学发现和进步的滞后。

那些众所周知或鲜为人知的谜团都在等待着被解开。大多数人都知道耳朵是用来听传入的声音的，却很少有人知道其实耳朵也会发出声音。如果把一个非常灵敏的麦克风（比如听力研究中使用的麦克风）放在耳朵旁边，你就可以把耳朵发出的声音记录下来。这些声音被称为耳声发射，是现代科学的一个难题。它们的功能是什么？到底用处何在？抑或它们只是进化的产物，如同人类退化的尾巴一样？

直到苏密特·达尔（Sumit Dhar）的听觉研究实验室（研究耳声发射）和我的心理语言学研究实验室（研究双语和多语）开始联合起来，将双语者纳入耳声发射研究，这才有了一个偶然的发现。事实证明，耳声发射受高阶认知过程的影响，并与大脑的执行功能相关。在听觉和视觉等多个感官通道接收到冗余输入时，与无冗余输入相比，耳声发射的幅度会发生变化。在对言语刺激的反应中，有双语经验的人耳声发射的变化更大。这些发现告诉我们，耳声发射是由经验形成的，并受到自上而下的认知过程的影响。虽然目前仍不清楚人类和其他哺乳动物为什么进化出裸耳无法听到的声音，但似乎耳声发射很有可能具备一定功用，即使我们目前无法确切地知道它所作何用。如果我们现在对耳声发射的知识仍然让你感到不满意（"好吧，你刚刚告诉我人类的耳朵会发出声音，但你没有告诉我为什么会这样，以及它们用来做什么——真是令人扫兴啊！"），那么欢迎来到科学界！

是否有人知道，就因为多语言者被例行地排除在研究样本之外，无端浪费了多少像这样或更有价值的发现？双语和多语，或许是推动儿童发展、老龄化和健康研究的一个隐藏的调节因素。无论语言或双语是否成为研究焦点，将语言多样性纳入考量会提高研究的可复制性和我们对人类状况的理解。我们与生俱来的语言能力可以而且应该被利用来优化我们的大脑，拓展人类的能力，加快科学发现与前进的步伐，而语言多样性应该成为探索的一个组成部分，而不是事后想法；成为一个关键因素，而不是一个无关紧要的徒增复杂化的因素。

多语思维是宇宙奇迹的典范，它为人类认知提供了一种奇妙而令人惊讶的新视角。然而，尽管使用多语是世界的常态而非例外，但研究的缺乏却导致了对其价值的低估。使用多语的价值不仅存在于个人层面，也存在于社会层面。语言和思想以及多语思维之间的联系，少则可以成为推动人类迈向新高度的推进器，多则可以成为人类生存的关键。

更加奇妙而令人费解的是，我们不仅生活在一个代码的世界，我们本身即是代码，我们身体的DNA就诉说着真相。我们的身体是由语言构成的，因为我们的遗传密码可以用DNA碱基对编码的通用语言来读取。就像我们用语言将有限的符号（单词、字母或其他符号）组合成无限的思维和想法一样，

DNA代码将有限的DNA对组合成复杂多样的生物体和物种，而这些生物体和物种构成了这个星球上的所有生命。人类的语言能力和地球上所有生命的遗传密码之间有着许多相似之处，如层次结构、生成性、递归性和几乎无限的表达范围。

我们可以用一种语言（人工智能使用的数学语言）来获取另一种语言（遗传学使用的DNA语言）的信息。正是由于计算方面的进步，我们才能够对整个基因组进行排序。人类基因组计划，虽然从技术上说是用了13年完成的，但实际上总共花了几十年的时间才实现。这是一项与探索外太空一样宏伟的发现，它让我们获得了能够书写这个星球上所有生命公式的语言。

除了DNA，还有RNA。RNA是核糖核酸的缩写。DNA负责遗传信息的传输，而RNA则负责传输创造蛋白质所需的遗传密码。信使RNA携带着细胞制造蛋白质的指令，这种蛋白质会导致机体产生病毒抗体，在传递信息后，它们会在不进入细胞的情况下被分解。信使RNA只是另一种跨系统和生命形式的交流方式，是另一种语言的信息。DNA和RNA都以四种核苷酸的语言书写，即腺嘌呤（A）、胸腺嘧啶（T）、鸟嘌呤（G）和胞嘧啶（C）。这种核苷酸语言可以通过被称为密码子的序列翻译成其他语言（如蛋白质语言，其中包括20种氨基酸）。理解我们基因和细胞的语言，就像理解自然、人工和数学的代码一样，为我们打开了通往新知识和新世界的大门。

宇宙的密码和我们学习它们的能力，在很大程度上决定着人类的未来。我们的语言既有能力超越目前人类思维的桎梏，也有能力超越当前人工智能的局限。我们或许并不知道语言及其进化将把我们带向何方，但有一点是明确的——没有它们，我们就走不远。

如果符号系统是我们思维的密码，我们的思维是通向宇宙的窗口，那么语言就是解锁宇宙奥秘的钥匙。多语能力使我们有更大的机会找到正确的"钥匙"来打开正确的"锁"。当然，我们现在还没有认识到所有的"锁"，这是发现过程的一部分。人类最光彩的时刻，可能并不是想到了已知问题的答案，而是新的问题浮现出来，那些我们未曾想过要问的问题，那些我们尚未成形的想法。

那么我们，还有我们的语言，该何去何从？

# 轻松愉快的尾声

我经常被问到，那些兴许是在儿童时期曾学会的语言，但由于移民他国、被收养或社会政治变动而再未使用，那么这些语言现在如何。你会很高兴听到，这些语言并没有完全消失。曾经学过、后来被遗忘的语言仍然会在记忆中留下痕迹。如果你在生命的早期就知道或广泛接触过一种语言，那么之后再学习这种语言就会变得更容易。

多语研究的其中一个领域就是语言磨蚀，即以前已知语言的丧失，例如在领养儿童或移民子女身上发生的那样。在一项研究中发现，在孩子被收养后很久，甚至在孩子不知道自己是从哪种语言和文化中被收养的情况下，仍能发现几十年来没有说过的语言对孩子的影响。

TJ 是一个封闭式领养的孩童，即她的语言和种族背景是保密的。她在 3 岁时被安置在寄养家庭，在更换了几次寄养家庭后，被一个美国家庭收养并搬到另一个州。她知道自己出生在美国，生母不是在美国出生的，说的是英语以外的语言。33岁时，作为一名正在接受心理治疗、讲英语的美国女性，她联系了俄亥俄州立大学的语言学习专家，看看是否有可能解开她语言上的一些秘密，以便了解自己更多的背景。基于先前心理治疗的结果，TJ已经寻回了一些童年记忆，包括个别单词的蛛丝马迹，她想看看是否也能获得曾经已知的语言信息。对话一开始，TJ给出了几个单词的形式，研究人员能够确定其中一些单词来源于斯拉夫语。研究小组随后使用了著名的"储蓄范式"——一种学习与再学习技术，将学习以前已知的旧词与以前未知的新词的速度进行比较，以识别丢失的童年语言。研究人员将TJ的表现与一个由12名讲英语的女性组成的对照组进行了比较。根据TJ对三龄童程度单词的学习率、三龄童以上程度单词的学习率以及与对照组的比较，研究人员能够确定TJ失去的童年语言是俄语或乌克兰语。这项研究表明，在被收养者身上常见的幼年语言的丧失是可以被逆转的，这比从零开始学习一门新语言要更为容易。

有证据表明，有些人具有语言倾向，天生就更擅长语言学习。甚至在多元智能理论中，语言智力被认为是一种智能类型，是多语者和擅长语言学习的人所特别具有的。

然而，多元智能的理论并没有得到普遍的认同。最初提出了7种类型的智力，即音乐节奏型、视觉空间型、语言文字型、逻辑数学型、身体运动型、人际型和内省型。后来，自然主义智能（对动植物的分类和使用）和存在主义智能（关于人类生存的宏观思考）被添加进来。从那时起，也有其他类型的智能被提出。可是，谁最终决定什么有资格成为一种智力类型，什么没有资格？每种类型的智力有哪些有效可靠的衡量标准？有些人认为，智力是自己无法左右、凭潜在先天特征决定的个人价值。毫不稀奇，这个理论是如此充满争议。

不管多元智能理论是否有可取之处，有些人确实比其他人更擅长语言学习，就像有人更擅长音乐或体育一样。但是，先天的能力并不能解释地理和民族的双语性。国家政策和社会框架直接影响语言多样性。如果某种生活习惯得到社会支持，那么它就更容易养成，无论是健康饮食、强身健体，还是使用多语。当第二语言成为学校课程，语言多样性受到重视而不是被边缘化时，多语化就会像识字一样普遍。

除了个人语言天赋和有助于建立多语社区的社会政策，在语言学习的过程中积累的经验也使人们更善于学习语言。就像其他任何事情一样，你做得越多，就越熟练。

如果你已经会说另一种语言，或者你的父母会说另一种语言，不要让别人因为你的语言或口音给他们带来不适而把这一部分隐藏起来。把语言想象成你的超能力，它可以让你成就很多惊人之举，也可以促成一些有趣的小事，比如当人们在你背后嘀咕时，他们并不知道你其实全听得懂。

语言应用程序Babbel报告称，71%的美国人和61%的英国人表示，他们觉得懂一种以上语言的人更具魅力。掌握另一种语言也能带来收入的提高。佛罗里达州的一项研究报告称，完全掌握英语和西班牙语的西班牙裔美国人，比英语单语的同龄人每年多挣近7000美元。加拿大圭尔夫大学的经济学家发现，英法双语男性的收入比英语单语的男性高3.6%，而英法双语女性的收入比英语单语的男性高6.6%。在加拿大魁北克省，法英双语男性的收入比法语单语的男性高7%，而对于工作语言为英语的男性，这一差距跃升至21%。

说到这里，在介绍了多语对我们的大脑、感知、记忆、决策、情感和创造力产生的巨大变化后，一些读者可能会对学习一门新的语言跃跃欲试，或者想让孩子掌握一门新的语言。但是应该如何学习？又何时开始？在单语的帷幕后边，如何才能窥探到正确的路径？如果你想知道什么时候是学习语言的最佳时间，答案是一出生就开始学。那么第二个最佳时间呢？就是当下。

虽然人们一度认为，在一定年龄之后超过了语言学习的"关键期"，学习一门新语言达到流利程度即便有可能也是很困难的，但我们现在知道事实并非如此。关键期的概念可以追溯到1967年的一项研究，该研究提出的分界点是青春期。后来，一项针对669,498人的大规模分析指出，这一年龄为17.4岁，其他数百项研究表明还有许多其他年龄点。然而，最近一项对大型数据集的再分析并没有发现临界年龄总存在的证据。相反，以前报道呈现的效应似乎是由某些干扰语言学习模式的个人因素及社会因素导致的，包括学校教育的影响以及生活环境和社会化的差异。

通过我几十年来对多语者的研究，我发现人们在任何年龄都可以学习另一种语言，而且几乎可以立即受益。然而，那些在青春期后或从其他非母语人士那里习得第二语言的人，在说新语言时往往会保留外国口音，部分原因是他们的发音和感知系统已经被母语影响了。在学习第二语言时口音或许是个小小的缺憾，而也有人持不同意见，甚至认为这是一个优点。

你对学习另一门语言感兴趣的原因可能五花八门，或为促进大脑健康，或为出国旅行，或为邂逅浪漫，或为个人成长；你可能曾在谷歌上搜索"如何学习西班牙语"或"3个月流利掌握"，也可能曾购买《傻瓜意大利语》；也许你常常阅读关于自我提高、职业发展、大脑训练、增进人际关系或旅行的书籍；也许你是教师、商人、营销人员、人生导师、退休人士，或者是一名学生。无论如何，学习另一门语言是一份你可以送给自己的礼物。

谈到语言学习，感觉某些语言学起来轻而易举，另一些却寸步难行，这完全正常。有些人可能觉得学习拉丁语系的语言很容易，日耳曼语系的语言要难一些，但也勉强能驾驭，计算机语言就超级困难了，而对于要靠音调信息来传达意思的语言（比如汉语）则比登天还难。作家可能会发现自然语言比人工语言要简单，程序员或许会认为人工语言比自然语言要容易，而音乐家可能更擅长依赖音调的语言。

无论我们个人偏好如何，任何人都可以在学习一门新语言方面取得进展，即使衡量是否学成的最终标准有所不同。根据美国国务院向外交官和有工作需要的政府雇员提供的外语培训数据，估计以英语为母语的人学习一门语言所需的时间从 600 小时到 2200 小时不等，具体取决于语言——这是根据 70 多年来向美国外交官教授语言得出的时间表。一个以英语为母语的人可以在大约 600 小时内学会西班牙语，但学习日语则需要将近四倍的时间。以下是美国国务院对所教语言的分类以及学习这些语言所需时间的分类整理。

| 第一类语言<br>24～30 周学习时间<br>（600～750 学时） | 24 周：丹麦语、荷兰语、意大利语、挪威语、葡萄牙语、罗马尼亚语、西班牙语、瑞典语<br>30 周：法语 |
|---|---|
| 第二类语言<br>约 36 周学习时间<br>（900 学时） | 德语、海地克里奥语、印度尼西亚语、马来语、斯瓦希里语 |

（续表）

| | |
|---|---|
| **第三类语言**<br>约 44 周学习时间<br>（1100 学时） | 阿尔巴尼亚语、阿姆哈拉语、亚美尼亚语、阿塞拜疆语、孟加拉语、保加利亚语、缅甸语、捷克语、达里语、爱沙尼亚语、波斯语、芬兰语、格鲁吉亚语、希腊语、希伯来语、印地语、匈牙利语、冰岛语、哈萨克语、高棉语、库尔德语、吉尔吉斯语、老挝语、拉脱维亚语、立陶宛语、马其顿语、蒙古语、尼泊尔语、波兰语、俄语、塞尔维亚语、克罗地亚语、僧伽罗语、斯洛伐克语、斯洛文尼亚语、索马里语、塔加禄语、塔吉克语、泰米尔语、泰语、藏语、土耳其语、土库曼语、乌克兰语、乌尔都语、乌兹别克语、越南语 |
| **第四类语言**<br>88 周学习时间<br>（2200 学时） | 阿拉伯语、汉语、日语、韩语 |

好消息是，你只需经过短时间的学习就可以体验到变化。

一个学期的海外学习就足以感受到多语的影响，这表明仅仅几个月沉浸于另一种语言中的经历就可以改变你的大脑工作方式。

在参加西班牙语入门课程仅6个月后，执行控制任务的单语本科生大脑电生理反应与双语者相似。另一项研究发现，相对于对照组而言，18～78岁的参与者在接受了为期一周的盖尔语强化课程后，注意力转换有所改善。瑞典武装部队翻译学院的新兵在经过3个月的语言训练后，语言处理区域的皮质厚度有所增加。

一旦你决定学习某种语言，你可能会渴望得到一些关于如何有效学习的技巧。如果你成年后开始学习一门新语言，或者想要培养双语儿童，以下几个策略可助你一臂之力。

### 一、参加课程

大学和社区学院现在普遍开设外语课。许多社区中心、养老院和礼拜场所也提供晚间课程和周末课程。

### 二、使用语言学习应用程序

如果参加正式课程超出预算或不符合你的时间表，你也可以选择利用现代技术来学习语言。现在语言学习的应用程序数量很多。临床试验报告显示，通过智能手机应用程序学习语言可以改善老年人的执行功能。其中很多做得特别好的应用程序结合了游戏互动，利用大脑释放的血清素和多巴胺，使语言学习变得引人入胜，趣味无穷。有一些应用程序，还聘请语言学家和研究人员，他们在认知语言学和神经语言学方面根基深厚，理论与实践都以实证为基础。

### 三、旅行

沉浸于另一种文化为学习新语言提供了绝佳的机会。你不仅能接触到母语人士，还能接触到形形色色的讲各种语言的人。在大脑仍然极具可塑性的中学时期和大学时期参加海外学习项目，将是特别宝贵的经历。如果在你年轻的时候受经济或生活环境所限无法达成，那么之后再从沉浸式语言体验中获益也为时不晚。有时，你可能不需要旅行到世界的另一端，访问本国的某个省或州，甚或城市的某个街区也可以有此效果。

### 四、与使用另一种语言的人建立联系

多年前，我哥哥和一位讲瑞典语的人约定——他帮助她学英语，她帮助他学瑞典语。长话短说，这位讲瑞典语的人已经成为我的嫂子十多年了。与讲其

他语言的人交流互动，无论是朋友、同事还是约会对象，都是学习另一种语言的最简单、最愉悦的方式之一，同时也能扩大你的社交网络。

### 五、养成习惯

和其他任何事情一样——无论是锻炼身体、演奏乐器还是投资——坚持的毅力和恒定的方法是学习的关键。将另一种语言融入你的日程表与日常生活之中。你可以主动学习这门语言，也可以通过听歌、看视频和进行其他娱乐活动让自己被动沉浸在该语言之中。你可以与其他语言的使用者一起玩视频游戏和在线游戏。可能的话，请选原声电影而不是译制片，或者把手机或计算机的界面换成新语言。

### 六、使用助记术

助记术是指改善与协助记忆的技术。可供选择的助记术有很多，但对语言学习者来说有一个特别有用的方法，就是在已经知道的词和正在学习的新词之间建立联系。有一次，一位多语学生在我的研讨课上举了一个例子："在我学西班牙语'peligroso'（危险）这个词时，它听起来与英语单词'pelican'（鹈鹕）相似，我就是通过这个记住的。我害怕鹈鹕，这强化了我对这个词及其意思的记忆。另外，当我学习汉语的'危险'一词时，'险'看起来像汉语的'剑'，因为'剑'很'危险'，于是我把这个联系在大脑中进行编码。所以鹈鹕、剑和危险在我脑子里有着非常古怪的联系。"

### 七、找到适合你的模式

通往双语的路径有很多，你可以一一尝试，直到找到适合你的方式。有人选择在一周的不同日子里说不同的语言；有人对特定的朋友或家庭成员如祖父母说某种语言；还有人把说外语作为一种奖励或惩罚的方式来激励自己。你可以下定决心，每当你在社交媒体上产生与人争辩的冲动时，不如打开语言学习应用程序学上10分钟——相信你很快就能掌握这门语言了。

如果你想培养一个双语儿童，以下七条是基于实证的建议。

### 一、增加语言学习的量

通过儿童在每种语言中所获得的语言输入量可以预测其词汇和语法的发展。输入越丰富，语言习得成功的可能性就越高。听到越多词汇的儿童，其词汇量就越大。和孩子一起时，可以口头描述你们正在一起进行的活动，可以读书给孩子听，或与孩子一起读，并在合理的范围内尽可能多地让孩子接触两种语言。

## 二、提升语言学习的质

语言输入的质量会影响儿童的语言学习效果。儿童与其照顾者之间进行丰富有效的面对面互动，对儿童学习语言至关重要。比如，与儿童一起玩耍，读书给孩子听，这些活动都有助于语言学习，但通过电视接触语言的益处微乎其微。尽管外语媒体可能是成人提升语言的渠道，但对儿童来说接触外语电视节目确实是种低效的学习方式，可能会导致双语儿童词汇方面的得分较低。所以我们要通过增加有效陪伴时间来提高语言学习的质量。

## 三、寻求家人和朋友的帮助

丰富多彩的多渠道语言输入是另一个预测语言成长的关键因素。与许多讲两种语言的人进行定期互动有助于提高双语能力，因为儿童接触到了更多样的输入。与讲另一种语言的家庭成员、朋友、祖辈及大家庭互动，有利于儿童的语言发展。

## 四、选择一个最适合你家庭的策略

根据家庭情况，有许多不同的策略让孩子接触多语。虽然培养双语儿童并没有一种所谓最好的方法，但确实有一些方法可以用来支持儿童双语发展。比如，有些家庭中父母本身就讲不同的语言，那么就可以采用"一人一语"的方法，即由两位父母分别和孩子讲不同语言。另一种常见的方法是，孩子在家里接触一种语言（通常是从父母那里继承而来的非主流语言），在学校接触第二种语言（通常是主流语言）。你也可以为你和你的孩子量身定制一个策略。

## 五、让孩子来领路

留心孩子的暗示，关注他们的兴趣。当儿童与细心、敏感的成年人互动时，其语言发展最为有效。当大人专注于孩子感兴趣的事物而不是大人感兴趣的事物时，孩子更有可能学会新词。如果孩子参与其中并乐在其中，那么他们成功学会第二语言的机会更大。尽量找一些让孩子感兴趣的双语活动，以此鼓励学习。

## 六、考虑系统的双语教育

在语言早期发展过程中，可以选择请一位讲另一种语言的保姆或看护人，或让孩子进入双语或多语幼儿园。一旦孩子到了上学的年龄，可以考虑采用双向沉浸式课程的学校，这种课程将两种不同母语的学生安排在同一个教室，并用两种语言教授课程内容。如果孩子的学校没有双向沉浸式课程，也可以有其他选择。课后或周末的语言课程可以提供一个正式的教学环境，以促进第二语言的学习。如果你想培养孩子说一种与你的信仰有关的语言，那么宗教场所也可以成为有用的资源。同样，夏令营、交流项目、出国学习或旅行，如果符合家庭预算的话，也可以提供绝佳的语言学习机会。

### 七、持续学习双语发展知识

自己要多多了解双语学习的知识。在养育双语儿童方面存在着诸多误解，可以登录"双语很重要"（Bilingualism Matters）网站学习其分享的资源，或阅读该领域专家撰写的书籍，这些都是不错的起点。

尽管在养育双语儿童方面并没有放之四海而皆准的规律可循，但作为父母最重要的是提供培养支持。你最终采取的方法取决于你的家庭性质、孩子的性情、居住的地区及可用的资源。你最终要培养的是一个快乐的孩童。而双语或多语能力，以及由此带来的认知和社会效益会是一个加分项。

最后，如果你想知道你该和孩子说的到底是你的母语还是第二语言，答案是你应该说能为孩子提供最丰富语言输入的语言。不管用意有多好，让父母用他们不熟悉的第二语言而不是词汇量更大、语法更佳的流利母语与孩子说话，显然是不明智的建议。如果父母不对孩子使用母语，那么就丧失了熟练的母语优势，向孩子提供的语言输入的量和丰富程度就会受到影响。倘若父母对第二语言并不精通，要求他们使用无法灵活运用的语言，就意味着用贫乏的输入取代丰富的词汇、语法与故事，甚至可能只使用来自电视和互联网的被动输入，而不是交互式的丰富的人际交流。丰富的输入是儿童语言和认知发展的最佳预测因素之一。对孩子来说，接收丰富的语言输入（各种声音、词汇、语法百花齐放），比他们用某种单一语言接收这些输入更重要。孩子接收的输入（包括听觉、视觉、触觉）越丰富，神经元就越兴奋，大脑就越活跃。大脑的思维网络在很大程度上是由它所接收的输入所塑造的。

在我自己的家庭里，因为我们本身就说着许多不同的语言（母亲讲罗马尼亚语和俄语，父亲讲荷兰语和德语，在居住的美国中西部地区讲英语，在旅行中还讲点西班牙语和法语），所以我们并没有坚持让孩子学习某种特定的语言。相反，我们让他们广泛地接触所有这些语言，这样当他们需要选择时，可以更容易地学习这些语言以达到熟练程度。这种方法似乎很有效，语言学习对我的三个孩子来说易如反掌，当他们需要的时候自然就水到渠成。（老实说，他们中没有一个算得上真正的多语者。一部分原因是他们各自的热情不在语言上，另一部分原因是我的孩子在美国上学，那里的教育系统不支持多语制，他们在一个以单语制为标准的社区长大。这与他们的父母和祖父母的经历形成了鲜明的对比——我们在欧洲长大，接触着各种语言，在学校里至少会教一种外语，通常是两种或更多外语。）当然，由于这不是一个严谨的实验，我们不可能知道这种对语言的倾向性在多大程度上来自遗传，而不是在童年时期广泛接触多种语言的结果。但它仍可作为一个松散的证据，以建议让孩子接触多语，并在身边营造一个多语环境。接触、学习多种语言，即使没有达到流利的多语能力，也能提供丰富充实的经验，从长期看将会受益良多。

学习一门新语言，从来没有为时过早或过晚之说。

# 致　谢

感谢斯蒂芬·莫罗把我带到达顿，感谢吉尔斯·安德森把我介绍给斯蒂芬，感谢阿特·马克曼把我介绍给吉尔斯，感谢戴德·詹特纳把我介绍给阿特。感谢达顿的研究团队——斯蒂芬、格蕾丝·莱耶、萨比拉·汗、蕾切尔·曼迪克、里克·鲍尔、爱丽丝·达尔林普尔、阮维安、萨拉·特格比、妮可·贾维斯、汉娜·德拉贡和蒂芙尼·埃斯特里奇——衷心感谢！

感谢我的双语和心理语言学研究实验室的现任和前任成员，他们参与主持了本书中所讨论的许多研究。尤其要感谢阿什利·严仲法、早川小百合、西拉达·罗查纳维巴塔、安东尼·肖克、威尔·范登伯格、雷切尔·韦伯斯特、里娜·马加里奇和马特·希夫，感谢他们的贡献和建议。

感谢美国西北大学、美国国立卫生研究院、国家科学基金会和德莱尼基金会对我研究的支持。

感谢心理语言学、认知科学、沟通科学与障碍、心理学、语言学、神经科学、哲学、教育和世界语言等领域的各位导师、同学与同僚，感谢他们多年来助我形成思路，促成我的工作。

感谢格雷斯、纳迪娅和艾梅，感谢阿斯温·范登伯格，我的父母尼古拉和纳塔利娅·玛丽安，以及其他家人和朋友们，感谢他们的爱。

也感谢你，我的读者，感谢你跨越时空在书页上与我相识。

# 参考文献

## 序 言

1　《宁静之星》，*A Tranquil Star*: Primo Levi, "A Tranquil Star," *The New Yorker*, February 12, 2007, https://www.newyorker.com/magazine/2007/02/12/a-tranquil-star.

2　斯坦福大学的神经科学家，**neuroscientists at Stanford University:** Russell A. Poldrack, Yaroslav O. Halchenko, and Stephen José Hanson, "Decoding the Large-Scale Structure of Brain Function by Classifying Mental States Across Individuals," *Psychological Science* 20, no. 11 (2009): 1364–1372, https://doi.org/10.1111/j.1467-9280.2009.02460.x/.

3　机器学习中涌现的类似概念，**constructs that emerged from machine learning:** Russell A. Poldrack and Tal Yarkoni, "From Brain Maps to Cognitive Ontologies: Informatics and the Search for Mental Structure," *Annual Review of Psychology* 67 (2016): 587–612, https://doi.org/10.1146/annurev-psych-122414-033729/.

4　理解与描述一座桥，**perceive and describe a bridge:** Lera Boroditsky, Lauren A. Schmidt, and Webb Phillips, "Sex, Syntax, and

Semantics," in *Language in Mind: Advances in the Study of Language and Thought*, eds. Dedre Gentner and Susan Goldin-Meadow (Cambridge: MIT Press, 2003), 61–79.

5　**无生命物体的阴阳性，grammatical gender of inanimate objects:** Steven Samuel, Geoff Cole, and Madeline J. Eacott, "Grammatical Gender and Linguistic Relativity: A Systematic Review," *Psychonomic Bulletin & Review* 26, no. 6 (2019): 1767–1786, https://doi.org/10.3758/s13423-019-01652-3/.

6　**美国航天局的火星气候探测器，NASA's Mars Climate Orbiter:** National Aeronautics and Space Administration, "Mars Climate Orbiter," last modified July 25, 2019, https://solarsystem.nasa.gov/missions/mars-climate-orbiter/in-depth/.

7　**与铃木意图相去甚远的其他含义，"the word has other meanings":** National Security Agency, "Mokusatsu: One Word, Two Lessons," accessed February 18, 2022, https://www.nsa.gov/portals/75/documents/news-features/declassified-documents/tech-journals/mokusatsu.pdf/.

8　**将阿尔茨海默病和其他类型的痴呆症延迟，delays Alzheimer's:** Ellen Bialystok, Fergus I. M. Craik, and Morris Freedman, "Bilingualism as a Protection Against the Onset of Symptoms of Dementia," *Neuropsychologia* 45, no. 2 (2007): 459–464, https://doi.org/10.1016/j.neuropsychologia.2006.10.009/.

# 第一部分　自我

1　**我语言的界限，"the limits of my language":** Ludwig Wittgenstein, *Tractatus Logico-Philosophicus* (London: Routledge & Kegan Paul, 1922).

## 第一章　不可思议的思维切换

1　**在家里说英语之外的语言，other than English at home:** Karen Zeigler and Steven A. Camarota, "67.3 Million in the United States Spoke a Foreign Language at Home in 2018," *Center for Immigration Studies* (2019): 1–7, https://cis.org/sites/default/files/2019-10/camarota-language-19_0.pdf/.

2　**新的方法，new methods:** Sayuri Hayakawa and Viorica Marian, "Studying Bilingualism Through Eye-Tracking and Brain Imaging," *in Bilingual Lexical Ambiguity Resolution*, eds. Roberto R. Heredia and Anna B. Cieślicka (Cambridge: Cambridge University Press, 2020), 273–299.

3　**实验所使用的眼动追踪技术，experiments in my lab:** Northwestern University, "Bilingualism and Psycholinguistics Lab," accessed February 18, 2022, http://www.bilingualism.northwestern.edu/.

4　**受到我们会的语言以及此刻正在说的语言的影响，influenced by the languages we know:** Viorica Marian, "The Language You Speak Influences Where Your Attention Goes," *Scientific American*, December 5, 2019, https://blogs.scientificamerican.com/observations/the-language-you-speak-influences-where-your-attention-goes/.

5　**眼动情况被记录，eye movements are recorded:** Viorica Marian, "Bilingual Language Processing: Evidence from Eye-Tracking and Functional Neuroimaging," (PhD diss., Cornell University, 2000).

6　**英语中发音近似的物体，objects with names overlapping in English:** Viorica Marian and Michael Spivey, "Competing Activation in Bilingual Language Processing: Within-and Between-Language Competition," *Bilingualism: Language and Cognition* 6, no. 2 (2003): 97–115, https://doi.org/10.1017/S1366728903001068/.

7　**两种语言中发音近似的物体，overlap across the two languages:**

Michael J. Spivey and Viorica Marian, "Cross Talk Between Native and Second Languages: Partial Activation of an Irrelevant Lexicon," *Psychological Science* 10, no. 3 (1999): 281–284, https://doi.org/10.1111/1467-9280.00151/.

8   另一种语言被平行激活, **parallel activation of the other language:** Viorica Marian and Michael Spivey, "Bilingual and Monolingual Processing of Competing Lexical Items," *Applied Psycholinguistics* 24, no. 2 (2003): 173–193, https://doi.org/10.1017/S0142716403000092/.

9   斯特罗普任务, **Stroop task:** Ellen Bialystok, Fergus I. M. Craik, and Gigi Luk, "Cognitive Control and Lexical Access in Younger and Older Bilinguals," *Journal of Experimental Psychology: Learning, Memory, and Cognition* 34, no. 4 (2008): 859–873, https://doi.org/10.1037/0278-7393.34.4.859/.

10  关注油墨颜色, **pay attention to the ink color:** Viorica Marian, Henrike K. Blumenfeld, Elena Mizrahi, Ursula Kania, and Anne-Kristin Cordes, "Multilingual Stroop Performance: Effects of Trilingualism and Proficiency on Inhibitory Control," *International Journal of Multilingualism* 10, no. 1 (2013): 82–104, https://doi.org/10.1080/14790718.2012.708037/.

11  在讲英语时说那是自由女神像, **Statue of Liberty when speaking English:** Viorica Marian and Margarita Kaushanskaya, "Language Context Guides Memory Content," *Psychonomic Bulletin & Review* 14, no. 5 (2007): 925–933, https://doi.org/10.3758/BF03194123/.

12  记忆的可及性因语言而异, **accessibility of memories varies across languages:** Viorica Marian and Margarita Kaushanskaya, "Language-Dependent Memory: Insights from Bilingualism," in *Relations Between Language and Memory*, ed. Cornelia Zelinsky-Wibbelt (Peter Lang, 2011), 95–120.

13　"语言依赖性记忆"，**Language-Dependent Memory:** Viorica Marian and Ulric Neisser, "Language-Dependent Recall of Autobiographical Memories," *Journal of Experimental Psychology: General* 129, no. 3 (2000): 361–368, https://doi.org/10.1037/0096-3445.129.3.361/.

14　"我爱你"这句话，用母语和非母语说出的感觉是不同的，**"I love you" feels different:** Jean-Marc Dewaele, "The Emotional Weight of I Love You in Multilinguals' Languages," *Journal of Pragmatics* 40, no. 10 (2008): 1753–1780, https://doi.org/10.1016/j.pragma.2008.03.002/.

15　从与母语的深度联系中做一个情感的剥离，**can provide more emotional detachment:** Viorica Marian and Margarita Kaushanskaya, "Words, Feelings, and Bilingualism: Cross-Linguistic Differences in Emotionality of Autobiographical Memories," *The Mental Lexicon* 3, no. 1 (2008): 72–91, https://doi.org/10.1075/ml.3.1.06mar/.

16　外语效应，**Foreign Language Effect:** Sayuri Hayakawa, Albert Costa, Alice Foucart, and Boaz Keysar, "Using a Foreign Language Changes Our Choices," *Trends in Cognitive Sciences* 20, no. 11 (2016): 791–793, https://doi.org/10.1016/j.tics.2016.08.004/.

17　经典电车困境，**classic trolley dilemma:** Albert Costa, Alice Foucart, Sayuri Hayakawa, Melina Aparici, Jose Apesteguia, Joy Heafner, and Boaz Keysar, "Your Morals Depend on Language," *PloS ONE* 9, no. 4 (2014): e94842, https://doi.org/10.1371/journal.pone.0094842/.

18　关于作弊的实验，**this time on cheating:** Yoella Bereby-Meyer, Sayuri Hayakawa, Shaul Shalvi, Joanna D. Corey, Albert Costa, and Boaz Keysar, "Honesty Speaks a Second Language," *Topics in Cognitive Science* 12, no. 2 (2020): 632–643, https://doi.org/10.1111/tops.12360/.

## 第二章　大脑：并行处理的超级有机体

1　记录这些无意识的眼球运动，recording these unconscious eye movements: University of Western Ontario, "Lab Tutorials," accessed February 18, 2022, https://sites.google.com/site/kenmcraelab/lab-tutorials/.

2　听觉输入与来自你环境的视觉输入整合，integrated with the visual input: Viorica Marian, "Audio-Visual Integration During Bilingual Language Processing," in *The Bilingual Mental Lexicon: Interdisciplinary Approaches*, ed. Aneta Pavlenko (Clevedon, UK: Multilingual Matters, 2009), 52–78.

3　"隐性协同激活"的证据，evidence for such "covert co-activation": Anthony Shook and Viorica Marian, "Covert Co-Activation of Bilinguals' Non-Target Language: Phonological Competition from Translations," *Linguistic Approaches to Bilingualism* 9, no. 2 (2019): 228–252, https://doi.org/10.1075/lab.17022.sho/.

4　句法和语法也存在并行激活的现象，parallel activation for syntax and grammar: Holger Hopp, "The Processing of English Which-Questions in Adult L2 Learners: Effects of L1 Transfer and Proficiency," *Zeitschrift für Sprachwissenschaft* 36, no. 1 (2017): 107–134, https://doi.org/10.1515/zfs-2017-0006/.

5　将母语和第二语言的口语和书面形式统统激活，activates the written and spoken forms: Margarita Kaushanskaya and Viorica Marian, "Bilingual Language Processing and Interference in Bilinguals: Evidence from Eye Tracking and Picture Naming," *Language Learning* 57, no. 1 (2007): 119–163, https://doi.org/10.1111/j.1467-9922.2007.00401.x/.

6　在字母—声音的映射上有所不同，differ in letter-to-sound mappings: Viorica Marian, James Bartolotti, Natalia L. Daniel, and Sayuri Hayakawa, "Spoken Words Activate Native and Non-Native Letter-to-Sound Mappings: Evidence from Eye Tracking," *Brain and Language* 223 (2021): 105045, https://doi.org/10.1016/j.bandl.2021.105045/.

7　**跨语言并行协同激活，parallel co-activation across both languages:** Anthony Shook and Viorica Marian, "The Bilingual Language Interaction Network for Comprehension of Speech," *Bilingualism: Language and Cognition* 16, no. 2 (2013): 304–324, https://doi.org/10.1017/S1366728912000466/.

8　**激活阈值，thresholds of activation:** Henrike K. Blumenfeld and Viorica Marian, "Constraints on Parallel Activation in Bilingual Spoken Language Processing: Examining Proficiency and Lexical Status Using Eye-Tracking," *Language and Cognitive Processes* 22, no. 5 (2007): 633–660, https://doi.org/10.1080/01690960601000746/.

9　**在不同的感知模式中发现协同激活，co-activation is even found across different modalities:** Anthony Shook and Viorica Marian, "Language Processing in Bimodal Bilinguals," in *Bilinguals: Cognition, Education, and Language Processing*, ed. Earl F. Caldwell (Hauppauge: Nova Science Publishers, 2009), 35–64.

10　**美式手语—英语这种双感知模式的双语者，ASL–English bimodal bilinguals:** Marcel R. Giezen, Henrike K. Blumenfeld, Anthony Shook, Viorica Marian, and Karen Emmorey, "Parallel Language Activation and Inhibitory Control in Bimodal Bilinguals," *Cognition* 141 (2015): 9–25, https://doi.org/10.1016/j.cognition.2015.04.009/.

11　**美式手语实验图示，an illustration of the ASL experiment:** Anthony Shook and Viorica Marian, "Bimodal Bilinguals Co-Activate Both Languages During Spoken Comprehension," *Cognition* 124, no. 3 (2012): 314–324, https://doi.org/10.1016/j.cognition.2012.05.014/.

12　**即使在不使用任何词汇的情况下，even when no words are used:**

Sarah Chabal and Viorica Marian, "Speakers of Different Languages Process the Visual World Differently," *Journal of Experimental Psychology: General* 144, no. 3 (2015): 539–550, https://doi.org/10.1037/xge0000075/.

13　**给被试者增加一些心理负担，when a mental load was added:** Sarah Chabal, Sayuri Hayakawa, and Viorica Marian, "Language Is Activated by Visual Input Regardless of Memory Demands or Capacity," *Cognition* 222 (2022): 104994, https://doi.org/10.1016/j.cognition.2021.104994/.

14　**多语能力不仅影响语言系统，multilingualism affects not only the language system:** Judith F. Kroll, Paola E. Dussias, Cari A. Bogulski, and Jorge R. Valdes Kroff, "Juggling Two Languages in One Mind: What Bilinguals Tell Us About Language Processing and Its Consequences for Cognition," *Psychology of Learning and Motivation* 56 (2012): 229–262, https://doi.org/10.1016/B978-0-12-394393-4.00007-8/.

15　**平行激活对感知、注意力、记忆及其他认知功能都有影响，parallel activation has repercussions:** Viorica Marian, Sayuri Hayakawa, and Scott R. Schroeder, "Memory After Visual Search: Overlapping Phonology, Shared Meaning, and Bilingual Experience Influence What We Remember," *Brain and Language* 222 (2021): 105012, https://doi.org/10.1016/j.bandl.2021.105012/.

16　**管理这些跨语言竞争，manage the competition across languages:** Henrike K. Blumenfeld and Viorica Marian, "Bilingualism Influences Inhibitory Control in Auditory Comprehension," *Cognition* 118, no. 2 (2011): 245–257, https://doi.org/10.1016/j.cognition.2010.10.012/.

## 第三章　创意、知觉和思维

1 与其他国家的某人保持着密切关系，relationships with someone
from another country: Jackson G. Lu, Andrew C. Hafenbrack,
Paul W. Eastwick, Dan J. Wang, William W. Maddux, and Adam D.
Galinsky, "'Going Out' of the Box: Close Intercultural Friendships and
Romantic Relationships Spark Creativity, Workplace Innovation, and
Entrepreneurship," *Journal of Applied Psychology* 102, no. 7 (2017):
1091–1108, https://doi.org/10.1037/apl0000212/.

2 1010个词的语义特征，features of 1,010 word meanings:
Bill Thompson, Seán G. Roberts, and Gary Lupyan, "Cultural
Influences on Word Meanings Revealed through Large-Scale Semantic
Alignment," *Nature Human Behaviour* 4, no. 10 (2020): 1029–1038,
https://doi.org/10.1038/s41562-020-0924-8/.

3 在希伯来语中翻译为同一个单词kli, kli, in Hebrew: Tamar Degani,
Anat Prior, and Natasha Tokowicz, "Bidirectional Transfer: The Effect
of Sharing a Translation," *Journal of Cognitive Psychology* 23, no. 1
(2011): 18–28, https://doi.org/10.1080/20445911.2011.445986/.

4 两个物体的意义相关性，how related in meaning two objects
were: Siqi Ning, Sayuri Hayakawa, James Bartolotti, and Viorica
Marian, "On Language and Thought: Bilingual Experience Influences
Semantic Associations," *Journal of Neurolinguistics* 56 (2020): 100932,
https://doi.org/10.1016/j.jneuroling.2020.100932/.

5 "我因害怕而打架"，"fight was what I did": Li-Young Lee,
"Persimmons," in *Li-Young Lee, Rose: Poems* (Rochester, NY: BOA
Editions, 1986), 17–19.

6 图像识别任务，ambiguous-figure task: Ellen Bialystok and Dana
Shapero, "Ambiguous Benefits: The Effect of Bilingualism on Reversing
Ambiguous Figures," *Developmental Science* 8, no. 6 (2005): 595–604,

https://doi.org/10.1111/j.1467-7687.2005.00451.x/.

7　**对年龄较小的儿童进行的类似实验，experiments with younger children:** Marina C. Wimmer and Christina Marx, "Inhibitory Processes in Visual Perception: A Bilingual Advantage," *Journal of Experimental Child Psychology* 126 (2014): 412–419, https://doi.org/10.1016/j.jecp.2014.03.004/.

8　**绘制现实中不存在的物体，drawing nonexistent objects:** Annette Karmiloff-Smith, "Constraints on Representational Change: Evidence from Children's Drawing," *Cognition* 34, no. 1 (1990): 57–83, https://doi.org/10.1016/0010-0277(90)90031-E/.

9　**双语儿童的绘画，drawings of bilingual children:** Esther Adi-Japha, Jennie Berberich-Artzi, and Afaf Libnawi, "Cognitive Flexibility in Drawings of Bilingual Children," *Child Development* 81, no. 5 (2010): 1356–1366, https://doi.org/10.1111/j.1467-8624.2010.01477.x/.

10　**托伦斯创造性思维测试，Torrance Test of Creative Thinking:** E. Paul Torrance, "Predicting the Creativity of Elementary School Children (1958–80)—and the Teacher Who 'Made a Difference'," *Gifted Child Quarterly* 25, no. 2 (1981): 55–62, https://doi.org/10.1177/001698628102500203/.

11　**50年后再次接受评估，evaluated again fifty years later:** Jonathan A. Plucker, "Is the Proof in the Pudding? Reanalyses of Torrance's (1958 to present) Longitudinal Data," *Creativity Research Journal* 12, no. 2 (1999): 103–114, https://doi.or/10.1207/s15326934crj1202_3/.

12　**语言游戏理论，sprachspiel, or language-game:** Ludwig Wittgenstein, *Philosophical Investigations*, trans. Gertrude Elizabeth Margaret Anscombe (New York: Macmillan, 1953).

13　**"也许这是种暗示"，"perhaps it is the suggestion":** John B. Carroll, *Language, Thought, and Reality: Selected Writings of Benjamin Lee Whorf* (MIT Press, 1956).

14 把语言称为"监牢"，language a "prisonhouse": Erich Heller, "Wittgenstein and Nietzsche," in *The Artist's Journey into the Interior and Other Essays* (London: Secker & Warburg, 1966), 199–226.

15 曾经治疗过一名患有顺行性遗忘症的女性，treating a woman with anterograde amnesia: Édouard Claparède, "Récognition et moiïté," *Archives de psychologie Genève* 11 (1911): 79–90.

16 语言如何塑造时间表征，language shapes the representation of time: Lera Boroditsky, "Does Language Shape Thought?: Mandarin and English Speakers' Conceptions of Time," *Cognitive Psychology* 43, no. 1 (2001): 1–22, https://doi.org/10.1006/cogp.2001.0748/.

17 爱德华·萨丕尔曾说道，words of Edward Sapir: Edward Sapir, "The Status of Linguistics as a Science," *Language* 5, no. 4 (1929): 207–214.

18 感官知觉可以被任何东西影响、扭曲和改变，sensory perception can be nudged: Peiyao Chen, Ashley Chung-Fat-Yim, and Viorica Marian, "Cultural Experience Influences Multisensory Emotion Perception in Bilinguals," *Languages* 7, no. 1 (2022): 12, https://doi.org/10.3390/languages7010012.

19 多语经验改变了多感官整合，multilingual experience alters multisensory integration: Viorica Marian, Sayuri Hayakawa, Tuan Q. Lam, and Scott R. Schroeder, "Language Experience Changes Audiovisual Perception," *Brain Sciences* 8, no. 5 (2018): 85, https://doi.org/10.3390/brainsci805008/.

20 影响他们一生的感官处理过程，shape sensory processing: Sayuri Hayakawa and Viorica Marian, "Consequences of Multilingualism for Neural Architecture," *Behavioral and Brain Functions* 15, no. 1 (2019): 1–24, https://doi.org/10.1186/s12993-019-0157-z/.

21 使用脏话，using swearwords: Richard Stephens, John Atkins, and Andrew Kingston, "Swearing as a Response to Pain," *NeuroReport* 20, no.

12 (2009): 1056–1060, https://doi.org/10.1097/WR.0b013e32832e64b1/.

## 第四章 语言造就的肉身

1 **初次涉足多语大脑研究,started to study multilingual brains:** Viorica Marian, Michael Spivey, and Joy Hirsch, "Shared and Separate Systems in Bilingual Language Processing: Converging Evidence from Eyetracking and Brain Imaging," *Brain and Language* 86, no. 1 (2003): 70–82, https://doi.org/10.1016/S0093-934X(02)00535-7/.

2 **功能性磁共振成像,functional magnetic resonance imaging:** fMRI 4 Newbies, "fMRI 4 Newbies: A Crash Course in Brain Imaging," accessed February 18, 2022, http://www.fmri4newbies.com/.

3 **交替对抗性失语症,alternate antagonism aphasia:** Michel Paradis, Marie-Claire Goldblum, and Raouf Abidi, "Alternate Antagonism with Paradoxical Translation Behavior in Two Bilingual Aphasic Patients," *Brain and Language* 15, no. 1 (1982): 55–69, https://doi.org/10.1016/0093-934X(82)90046-3/.

4 **神经学家阿尔伯特·皮雷斯,neurologist Albert Pitres:** Albert Pitres, "Etude sur l'aphasie chez les polyglottes," *Revue de Médicine* 15 (1895): 873–899.

5 **多语言失语症,multilingual aphasia has been studied:** Franco Fabbro, *The Neurolinguistics of Bilingualism: An Introduction* (London: Psychology Press, 1999).

6 **声学信息转化为有意义的单词,sound transformed into meaningful words:** Liberty S. Hamilton, Yulia Oganian, Jeffery Hall, and Edward Chang, "Parallel and Distributed Encoding of Speech Across Human Auditory Cortex," *Cell* 184, no. 18 (2021): 4626–4639, https://doi.org/10.1016/j.cell.2021.07.019/.

7  《心智的模块化》去除了某一概念，*Modularity of Mind* **removed the notion:** Jerry A. Fodor, *The Modularity of Mind* (Cambridge, MA: MIT Press, 1983).

8  涌现理论中提出的任意一种复杂系统，**complex system explained by emergence theory:** Steven Johnson, *Emergence: The Connected Lives of Ants, Brains, Cities, and Software* (New York: Scribner, 2001).

9  艾伦·图灵以数学方式描述了涌现背后的原理，**described mathematically by Alan Turing:** Alan Turing, "The Chemical Basis of Morphogenesis," *Philosophical Transactions of the Royal Society of London B* 237, no. 641 (1952): 37–72.

10  自组织和自复制，**automatic self-organization and self-replication:** Marvin Minsky, *The Emotion Machine: Commonsense Thinking, Artificial Intelligence, and the Future of the Human Mind* (New York: Simon & Schuster, 2006).

11  sleep（睡眠）和 green（绿色），**words sleep and green:** Noam Chomsky, *Syntactic Structures* (The Hague: Mouton, 1957).

12  重塑你的大脑，**rewires your brain and transforms it:** Sayuri Hayakawa and Viorica Marian, "Consequences of Multilingualism for Neural Architecture," *Behavioral and Brain Functions* 15, no. 1 (2019): 1–24, https://doi.org/10.1186/s12993-019-0157-z/.

13  灰质密度较高，**higher gray-matter density:** Andrea Mechelli, Jenny T. Crinion, Uta Noppeney, John O'Doherty, John Ashburner, Richard S. Frackowiak, and Cathy J. Price, "Structural Plasticity in the Bilingual Brain," *Nature* 431, no. 7010 (2004): 757, https://doi.org/10.1038/431757a/.

14  皮层下感觉和运动区，**subcortical sensory and motor regions:** Jennifer Krizman and Viorica Marian, "Neural Consequences of Bilingualism for Cortical and Subcortical Function," in *The Cambridge Handbook of Bilingual Processing*, ed. John W. Schwieter (Cambridge:

Cambridge University Press, 2015), 614–630.

15 **参与语言处理部分的大脑结构，brain structures involved in language processing:** Viorica Marian, James Bartolotti, Sirada Rochanavibhata, Kailyn Bradley, and Arturo E. Hernandez, "Bilingual Cortical Control of Between-and Within-Language Competition," *Scientific Reports* 7, no. 1 (2017): 1–11, https://doi.org/10.1038/s41598-017-12116-w/.

16 **大脑灰质和白质区域，gray-and white-matter regions:** Christos Pliatsikas, Elisavet Moschopoulou, and James Douglas Saddy, "The Effects of Bilingualism on the White Matter Structure of the Brain," *Proceedings of the National Academy of Sciences* 112, no. 5 (2015): 1334–1337, https://doi.org/10.1073/pnas.1414183112/.

17 **代谢物水平存在差异，differences in metabolite levels:** Christos Pliatsikas, Sergio Miguel Pereira Soares, Toms Voits, Vincent DeLuca, and Jason Rothman, "Bilingualism Is a Long-Term Cognitively Challenging Experience that Modulates Metabolite Concentrations in the Healthy Brain," *Scientific Reports* 11, no. 1 (2021): 1–12, https://doi.org/10.1038/s41598-021-86443-4/.

18 **表观遗传例子，heritability due to epigenetics:** Sharon Begley, "Was Darwin Wrong About Evolution?" *Newsweek*, January 1, 2009, https://www.newsweek.com/begley-was-darwin-wrong-about-evolution-78507/.

19 **遗传两代，passed down for two generations:** Brian G. Dias and Kerry J. Ressler, "Parental Olfactory Experience Influences Behavior and Neural Structure in Subsequent Generations," *Nature Neuroscience* 17 (2014): 89–96, https://doi.org/10.1038/nn.3594.

20 **"细胞的语言"，"language of the cell":** Biao Huang, Cizhong Jiang, and Rongxin Zhang, "Epigenetics: The Language of the Cell?" *Epigenomics* 6, no. 1 (2014): 73–88, https://doi.org/10.2217/epi.13.72/.

21　**丰富的刺激性环境，an enriched stimulating environment:** Richelle Mychasiuk, Saif Zahir, Nichole Schmold, Slava Ilnytskyy, Olga Kovalchuk, and Robbin Gibb, "Parental Enrichment and Offspring Development: Modifications to Brain, Behavior and the Epigenome," *Behavioural Brain Research* 228, no. 2 (2012): 294–298, https://doi.org/10.1016/j.bbr.2011.11.036/.

22　**大屠杀幸存者的子女，children of trauma survivors:** Rachel Yehuda, "Trauma in the Family Tree," *Scientific American* 327, no. 1 (2022): 50–55, https://doi.org/10.1038/scientificamerican0722-5.

23　**表观遗传的影响，epigenetic influences play a role:** Shelley D. Smith, "Approach to Epigenetic Analysis in Language Disorders," *Journal of Neurodevelopmental Disorders* 3, no. 4 (2011): 356–364, https://doi.org/10.1007/s11689-011-9099-y/.

24　**DNA双链断裂，DNA double-strand breaks:** Shaghayegh Navabpour, Jessie Rogers, Taylor McFadden, and Timothy J. Jarome, "DNA Double-Strand Breaks are a Critical Regulator of Fear Memory Reconsolidation," *International Journal of Molecular Sciences* 21, no. 23 (2020): 8995, https://doi.org/10.3390/ijms21238995/.

## 第五章　从童年到老年

1　**额外的四年教育，four extra years of education:** Jana Reifegerste, João Veríssimo, Michael D. Rugg, Mariel Y. Pullman, Laura Babcock, Dana A. Glei, Maxine Weinstein, Noreen Goldman, and Michael T. Ullman, "Early-Life Education May Help Bolster Declarative Memory in Old Age, Especially for Women," *Aging, Neuropsychology, and Cognition* 28, no. 2 (2021): 218–252, https://doi.org/10.1080/13825585.2020.1736497/.

2　与运动对认知结果的影响大致相同，**is about the same as the effect of exercise:** Ellen Bialystok, "Bilingualism as a Slice of Swiss Cheese," *Frontiers in Psychology* (2021): 5219, https://doi.org/10.3389/fpsyg.2021.769323/.

3　神经储备，**Neural reserve:** Jubin Abutalebi, Lucia Guidi, Virginia Borsa, Matteo Canini, Pasquale A. Della Rosa, Ben A. Parris, and Brendan S. Weekes, "Bilingualism Provides a Neural Reserve for Aging Populations," *Neuropsychologia* 69 (2015): 201–210, https://doi.org/10.1016/j.neuropsy chologia.2015.01.040/.

4　平均年龄81岁，**with an average age of eighty-one:** Scott Schroeder and Viorica Marian, "A Bilingual Advantage for Episodic Memory in Older Adults," *Journal of Cognitive Psychology* 24 (2012): 591–601, https://doi.org/10.1080/20445911.2012.669367/.

5　三语者似乎比双语者表现出更大的优势，**trilinguals show even larger advantages:** Scott Schroeder and Viorica Marian, "Cognitive Consequences of Trilingualism," *International Journal of Trilingualism* 21 (2017): 754–773, doi: 10.1177/ 1367006916637288/.

6　在多语言国家，阿尔茨海默病的发病率较低，**Alzheimer's is lower in multilingual countries:** Raymond M. Klein, John Christie, and Mikael Parkvall. "Does Multilingualism Affect the Incidence of Alzheimer's Disease?: A Worldwide Analysis by Country," *SSM-Population Health* 2 (2016): 463–467, https://doi.org/10.1016/j.ssmph.2016.06.002/.

7　讲两种或两种以上语言长大，**grow up with two or more languages:** Viorica Marian, Yasmeen Faroqi-Shah, Margarita Kaushanskaya, Henrike K. Blumenfeld, and Li Sheng, "Bilingualism: Consequences for Language, Cognition, Development, and the Brain," *The ASHA Leader* 14, no. 13 (2009): 10–13, https://doi.org/10.1044/leader.FTR2.14132009.10/.

8　**感知和分类任务**，**perceptual and classification tasks:** Ellen Bialystok, "Coordination of Executive Functions in Monolingual and Bilingual Children," *Journal of Experimental Child Psychology* 110 (2011): 461–468, https://doi.org/10.1016/j.jecp.2011.05.005.

9　**认知灵活性的提高**，**increased cognitive flexibility:** Agnes Melinda Kovacs and Jacques Mehler, "Cognitive Gains in 7-Month-Old Bilingual Infants," *Proceedings of the National Academy of Sciences* 106 (2009): 6556–6560, https://doi.org/10.1073/pnas.0811323106.

10　**元认知技能**，**metacognitive skills:** Sylvia Joseph Galambos and Kenji Hakuta, "Subject-Specific and Task-Specific Characteristics of Metalinguistic Awareness in Bilingual Children," *Applied Psycholinguistics* 9 (1988): 141-162, https://doi.org/10.1016/j.sbspro.2009.01.243.

11　**重复单词联想任务**，**repeated word association task:** Li Sheng, Karla K. McGregor, and Viorica Marian, "Lexical-Semantic Organization in Bilingual Children: Evidence from a Repeated Word Association Task," *Journal of Speech, Language, and Hearing Research* 49, no. 3 (2006): 572–587, https://doi.org/10.1044/1092-4388(2006/041)/.

12　**关注重要的事情**，**focusing on what's important:** Michelle M. Martin-Rhee and Ellen Bialystok, "The Development of Two Types of Inhibitory Control in Monolingual and Bilingual Children," *Bilingualism: Language and Cognition* 11, no. 1 (2008): 81–93, https://doi.org/10.1017/S136672890 7003227.

13　**某个版本的Flanker任务**，**version of the Flanker task:** Rosario Rueda Jin Fan, Bruce D. McCandliss, Jessica D. Halparin, Dana B. Gruber, Lisha Pappert Lercari, and Michael I. Posner, "Development of Attentional Networks in Childhood," *Neuropsychologia* 42, no. 8 (2004): 1029–1040, https://doi.org/10.1016/

j.neuropsychologia.2003.12.012.

14 只需要一两秒钟的时间，**takes only a second or two:** Sujin Yang, Hwajn Yang, and Barbara Lust, "Early Childhood Bilingualism Leads to Advances in Executive Attention: Dissociating Culture and Language," *Bilingualism: Language and Cognition* 14, no. 3 (2011): 412–422, https://doi.org/10.1017/S1366728910000611.

15 心智理论，**Theory of mind:** Ester Navarro, Vincent DeLuca, and Eleonora Rossi, "It Takes a Village: Using Network Science to Identify the Effect of Individual Differences in Bilingual Experience for Theory of Mind," *Brain Sciences* 12 (2022): 487, https://doi.org/10.3390/brainsci12040487/.

16 错误信念任务，**false-belief task:** Paula Rubio-Fernandez and Sam Glucksberg, "Reasoning About Other People's Beliefs: Bilinguals Have an Advantage," *Journal of Experimental Psychology: Learning, Memory, and Cognition* 38 (2011): 211–217, https://doi.org/10.1037/a0025162/.

17 用双语养育的婴儿，**babies who were being raised with two languages:** Ágnes Melinda Kovács and Jacques Mehler, "Cognitive Gains in 7–Month–Old Bilingual Infants," *Proceedings of the National Academy of Sciences* 106, no. 16 (2009): 6556–6560, https://doi.org/10.1073/pnas.0811323106/.

18 心理学家詹妮·萨弗瑞及其同事，**Jenny Saffran and colleagues:** Jenny R. Saffran, Richard N. Aslin, and Elissa L. Newport, "Statistical Learning by 8-Month-Old Infants," *Science* 274, no. 5294 (1996): 1926–1928, https://doi.org/10.1126/science.274.5294.1926/.

19 学习新语言的能力，**ability to learn a new language:** Margarita Kaushanskaya and Viorica Marian, "The Bilingual Advantage in Novel Word Learning," *Psychonomic Bulletin & Review* 16, no. 4 (2009): 705–710, https://doi.org/10.3758/PBR.16.4.705/.

20 **音乐家往往是更好的语言学习者，musicians are often better language learners:** Julie Chobert and Mireille Besson, "Musical Expertise and Second Language Learning," *Brain Sciences* 3, no. 2 (2013): 923–940, https://doi.org/10.3390/brainsci3020923/.

21 **与音乐相关的任务上表现得更好，perform better on certain music-related tasks:** Paula M. Roncaglia-Denissen, Drikus A. Roor, Ao Chen, and Makiko Sadakata, "The Enhanced Musical Rhythmic Perception in Second Language Learners," *Frontiers in Human Neuroscience* 10 (2016): 288, https://doi.org/10.3389/fnhum.2016.00288/.

22 **9个月大的双语婴儿，nine-month-old bilingual babies:** Liquan Liu and Rene Kager, "Enhanced Music Sensitivity in 9-Month-Old Bilingual Infants," *Cognitive Processing* 18 (2016): 55–65, https://doi.org/10.1007/s10339-016-0780-7/.

23 **依赖经验的大脑重塑提高执行能力，executive function through experience-dependent plasticity:** Sylvain Moreno, Zofia Wodniecka, William Tays, Claude Alain, and Ellen Bialystok, "Inhibitory Control in Bilinguals and Musicians: Event Related Potential (ERP) Evidence for Experience-Specific Effects," *PloS ONE* 9, no. 4 (2014): e94169, https://doi.org/10.1371/journal.pone.0094169/.

24 **双语者、音乐家和双语音乐家，bilinguals, musicians, and bilingual musicians:** Scott R. Schroeder, Viorica Marian, Anthony Shook, and James Bartolotti, "Bilingualism and Musicianship Enhance Cognitive Control," *Neural Plasticity* 2016, https://doi.org/10.1155/2016/4058620/.

25 **两组大规模的数据，two large-scale data sets:** Andree Hartanto, Hwajin Yang, and Sujin Yang, "Bilingualism Positively Predicts Mathematical Competence: Evidence from Two Large-Scale Studies," *Learning and Individual Differences* 61 (2018): 216–227, https://doi.

org/10.1016/j.lindif.2017.12.007/.

26 **双语双向沉浸式课程，bilingual two-way immersion (TWI) program:** Viorica Marian, Anthony Shook, and Scott R. Schroeder, "Bilingual Two-Way Immersion Programs Benefit Academic Achievement," *Bilingual Research Journal* 36, no. 2 (2013): 167–186, https://doi.org/10.1080/15235882.2013.818075/.

27 **双向沉浸的其他好处，other benefits of two-way immersion:** Nicholas Block, "The Impact of Two-Way Dual-Immersion Programs on Initially English-Dominant Latino Students' Attitudes," *Bilingual Research Journal* 34, no. 2 (2011): 125–141, https://doi.org/10.1080/152 35882.2011.598059/.

28 **对文化和语言与己不同的人抱有的积极态度，positive attitudes toward others:** Nicholas Block and Lorena Vidaurre, "Comparing Attitudes of First-Grade Dual Language Immersion Versus Mainstream English Students," *Bilingual Research Journal* 42, no. 2 (2019): 129–149, https://doi.org/10.1080/15235882.2019.1604452/.

29 **执行功能方面的优势，executive-function advantages:** Alena G. Esposito, "Executive Functions in Two-Way Dual-Language Education: A Mechanism for Academic Performance," *Bilingual Research Journal* 43, no. 4 (2020): 417–432, https://doi.org/10.1080/15235882.2021.1874570/.

30 **在评估双语儿童时通常只用一种语言，often tested in one language:** Erika Hoff, Cynthia Core, Silvia Place, Rosario Rumiche, Melissa Señor, and Marisol Parra, "Dual Language Exposure and Early Bilingual Development," *Journal of Child Language* 39, no. 1 (2012): 1–7, https://doi.org/10.1017/S0305000910000759/.

31 **如果把两种语言都计算在内，when counted across both languages:** Lisa M. Bedore, Elizabeth D. Peña, Melissa García, and Celina Cortez, "Conceptual Versus Monolingual Scoring," *Language, Speech, and Hearing Services in Schools* 36, no. 3 (2005): 188–200,

https://doi.org/10.1044/0161-1461(2005/020)/.

32 **所掌握的单词总数与单语儿童相当，comparable combined number of words:** Annick De Houwer, Marc H. Bornstein, and Diane L. Putnick, "A Bilingual-Monolingual Comparison of Young Children's Vocabulary Size: Evidence from Comprehension and Production," *Applied Psycholinguistics* 35, no. 6 (2014): 1189–1211, https://doi.org/10.1017/S0142716412000744/.

33 **与单语儿童在单种语言的词汇量上不再有差别，no longer differ from monolingual children in vocabulary size:** Vivian M. Umbel and D. Kimbrough Oller, "Developmental Changes in Receptive Vocabulary in Hispanic Bilingual School Children," *Language Learning* 44, no. 2 (1994): 221–242, https://doi.org/10.1111/j.1467-1770.1994.tb01101.x/.

34 **在解决语言竞争时，brain when resolving linguistic competition:** Viorica Marian, Sarah Chabal, James Bartolotti, Kailyn Bradley, and Arturo E. Hernandez, "Differential Recruitment of Executive Control Regions During Phonological Competition in Monolinguals and Bilinguals," *Brain and Language* 139 (2014): 108–117, https://doi.org/10.1016/j.bandl.2014.10.005/.

35 **多语者和超多语者的大脑，brains of polyglots and hyperpolyglots:** Olessia Jouravlev, Zachary Mineroff, Idan A. Blank, and Evelina Fedorenko, "The Small and Efficient Language Network of Polyglots and Hyper-Polyglots," *Cerebral Cortex* 31, no. 1 (2021): 62–76, https://doi.org/10.1093/cercor/bhaa205/.

36 **双语者的脑干，the brain stem of bilinguals encoded:** Jennifer Krizman, Viorica Marian, Anthony Shook, Erika Skoe, and Nina Kraus, "Subcortical Encoding of Sound is Enhanced in Bilinguals and Relates to Executive Function Advantages," *Proceedings of the National Academy of Sciences* 109, no. 20 (2012): 7877–7881, https://doi.org/10.1073/pnas.1201575109/.

## 第六章 不同的语言，不同的灵魂

1　一千多名双语者被问及，**more than a thousand bilinguals were asked:** Jean-Marc Dewaele and Aneta Pavlenko, "Web Questionnaire on Bilingualism and Emotions," University of London, 2001–2003.

2　外倾性、宜人性和责任感的得分要高于用西班牙语进行的测试，**higher on Extraversion, Agreeableness, and Conscientiousness:** Nairan Ramirez-Esparza, Samuel D. Gosling, Veronica Benet-Martinez, Jeffrey P. Potter, and James W. Pennebaker, "Do Bilinguals Have Two Personalities? A Special Case of Cultural Frame Switching," *Journal of Research in Personality* 40, no.2 (2006): 99-120, www.sciencedirect.com/science/article/abs/pii/S0092656604000753 ?via%3Dihub/.

3　针对汉英双语者的研究，**study with Chinese-English bilinguals:** Michael Ross, Elaine Xun, and Anne Wilson, "Language and the Bicultural Self," *Personality and Social Psychology Bulletin* 28 (2020): 1040–1050, https://doi.org/10.1177/01461672022811003/.

4　根据不同的文化规范修正自己行为，**modifying one's behavior to different cultural norms:** Chi-Ying Cheng, Fiona Lee, and Verónica Benet-Martínez, "Assimilation and Contrast Effects in Cultural Frame Switching: Bicultural Identity Integration and Valence of Cultural Cues," *Journal of Cross-Cultural Psychology* 37, no. 6 (2006): 742–760, https://doi.org/10.1177/0022022106292081/.

5　在儿童时期就可以观察到，**can already be observed during childhood:** Maykel Verkuyten and Katerina Pouliasi, "Biculturalism Among Older Children: Cultural Frame Switching, Attributions, Self-Identification, and Attitudes," *Journal of Cross-Cultural Psychology* 33, no. 6 (2002): 596–609, https://doi.org/10.1177/0022022102238271/.

6　经济行为，**economic behavior:** M. Keith Chen, "The Effect of Language on Economic Behavior: Evidence from Savings Rates, Health

Behaviors, and Retirement Assets," *American Economic Review* 103, no. 2 (2013): 690–731, https://doi.org/10.1257/aer.103.2.690/.

7    **一位双语作家在她的自传中描述，a bilingual writer describes:** Eva Hoffman, *Lost in Translation: A Life in a New Language* (New York: Penguin, 1990).

8    **在不同语言之间改变自己的感受，shift how they feel across languages:** Julie Sedivy, *Memory Speaks: On Losing and Reclaiming Language and Self* (Cambridge, MA: Belknap Press of Harvard University, 2021).

9    **日语中的"amae"，the emotions amae in Japanese:** Yu Niiya, Phoebe C. Ellsworth, and Susumu Yamaguchi, "Amae in Japan and the United States: An Exploration of a 'Culturally Unique' Emotion," *Emotion* 6, no. 2 (2006): 279–295, https://doi.org/10.1037/1528-3542.6.2.279/.

10   **一种甜蜜与天真的撒娇依赖，presumed indulgent dependency:** Takeo Doi, *The Anatomy of Dependence* (Tokyo: Kodansha International, 1971).

11   **伊菲鲁克语中的"fago"，fago in Ifaluk:** Naomi Quinn, "Adult Attachment Cross-Culturally: A Reanalysis of the Ifaluk Emotion Fago," in *Attachment Reconsidered*, eds. Naomi Quinn and Jeannette Marie Mageo (New York: Palgrave Macmillan, 2013), 215–239, https://doi.org/10.1057/9781137386724_9/.

12   **爱与悲悯的混合体，mix of love, compassion, and sadness:** Catherine Lutz, "Ethnopsychology Compared to What? Explaining Behavior and Consciousness Among the Ifaluk," in *Person, Self, and Experience: Exploring Pacific Ethnopsychologies*, eds. Geoffrey M. White and John Kirkpatrick (Berkeley: University of California Press, 1985), 35–79.

13   **印度的"lajja"，lajja in Bengali:** Usha Menon and Richard A.

Shweder, "Kali's Tongue: Cultural Psychology and the Power of Shame in Orissa, India," in *Emotion and Culture: Empirical Studies of Mutual Influence*, eds. Shinobu Kitayama and Hazel Rose Markus (Washington, DC: American Psychological Association, 1994), 241–282.

14　**童年失忆症研究，article about childhood amnesia:** Jody Usher and Ulric Neisser, "Childhood Amnesia and the Beginnings of Memory for Four Early Life Events," *Journal of Experimental Psychology: General* 122 (1993): 155–165, https://doi.org/10.1037/0096-3445.122.2.155/.

15　**回忆生物、化学、历史和神话等学科的知识，recalling knowledge in subjects:** Viorica Marian and Caitlin M. Fausey, "Language-Dependent Memory in Bilingual Learning," *Applied Cognitive Psychology* 20, no. 8 (2006): 1025–1047, https://doi.org/10.1002/acp.1242/.

16　**证人对确定性的估计，estimated certainty of a witness:** Luna Filipović, *Bilingualism in Action* (Cambridge: Cambridge University Press, 2019).

17　**语言在法律环境中如何影响记忆，language influences memory in legal settings:** Elizabeth F. Loftus, *Eyewitness Testimony* (Cambridge, MA: Harvard University Press, 1996).

18　**将捏造的事件接受为真实的记忆，accepted the fabricated event as a true memory:** Elizabeth F. Loftus and Jacqueline E. Pickrell, "The Formation of False Memories," *Psychiatric Annals* 25, no. 12 (1995): 720–725, https://doi.org/10.3928/0048-5713-19951201-07.

19　**编造了一个关于开车撞狗的事件，a fabricated event about hitting a dog:** Viorica Marian, "Two Memory Paradigms: Genuine and False Memories in Word Lists and Autobiographical Recall," in *Trends in Experimental Psychology Research*, ed. Diane T. Rosen (New York: Nova Science Publishers, 2005), 129–142.

20  《那些离开奥梅拉斯的人》, *The Ones Who Walk Away from Omelas*: Ursula K. Le Guin, *The Ones Who Walk Away from Omelas*, (Mankato, MN: Creative Education, 1993).

21  甚至可以抑制迷信, **can even suppress superstition:** Constantinos Hadjichristidis, Janet Geipel, and Luca Surian, "Breaking Magic: Foreign Language Suppresses Superstition," *Quarterly Journal of Experimental Psychology* 72, no. 1 (2019): 18–28, https://doi.org/10.1080/17470218.2017.1371780/.

22  使用外语可以系统地改变判断和偏好, **foreign language can systematically alter:** Donnel A. Briley, Michael W. Morris, and Itamar Simonsson, "Cultural Chameleons: Biculturals, Conformity Motives, and Decision Making," *Journal of Consumer Psychology* 15, no. 4 (2005): 351–362, https://doi/abs/10.1207/s15327663jcp1504_9/.

23  自我构念, **self-construal:** Viorica Marian and Margarita Kaushanskaya, "Self-Construal and Emotion in Bicultural Bilinguals," *Journal of Memory and Language* 51, no. 2 (2004): 190–201, https://doi.org/10.1016/j.jml.2004.04.003/.

24  非母语的积极反馈会引发更少的赌博参与, **non-native language elicited fewer gambles:** Shan Gao, Ondrej Zika, Robert D. Rogers, and Guillaume Thierry, "Second Language Feedback Abolishes the 'Hot Hand' Effect During Even-Probability Gambling," *Journal of Neuroscience* 35, no. 15 (2015): 5983–5989, https://doi.org/10.1523/JNEUROSCI.3622-14.2015/.

25  1979 年经典的"疾病问题", **the 1979 "Disease Problem":** Daniel Kahneman and Amos Tversky, "Prospect Theory: An Analysis of Decision Under Risk," *Econometrica* 47, no. 2 (1979): 263–291, https://doi.org/10.2307/1914185/.

26  偏误在使用外语的情况下会减少, **bias is reduced in a foreign language:** Boaz Keysar, Sayuri L. Hayakawa, and Sun Gyu An, "The

Foreign-Language Effect: Thinking in a Foreign Tongue Reduces Decision Biases," *Psychological Science* 23, no. 6 (2012): 661–668, https://doi.org/10.1177/0956797611432178/.

27  核能、杀虫剂、化肥和纳米技术，**nuclear power, pesticides, chemical fertilizers, and nanotechnology:** Constantinos Hadjichristidis, Janet Geipel, and Lucia Savadori, "The Effect of Foreign Language in Judgments of Risk and Benefit: The Role of Affect," *Journal of Experimental Psychology*: Applied 21, no. 2 (2015): 117–129, https://doi.org/10.1037/xap0000044/.

28  愿意饮用经认证的安全循环水，**likely to drink certified-safe recycled water:** Janet Geipel, Constantinos Hadjichristidis, and Anne-Kathrin Klesse, "Barriers to Sustainable Consumption Attenuated by Foreign Language Use," *Nature Sustainability* 1, no. 1 (2018): 31–33, https://doi.org/10.1038/s41893-017-0005-9/.

29  即使是医疗决定，**even medical decisions:** Sayuri Hayakawa, Yue Pan, and Viorica Marian, "Language Changes Medical Judgments and Beliefs," *International Journal of Bilingualism* 26, no. 1 (2021): 104–121, https://doi.org/10.1177/13670069211022851/.

30  接受预防性护理（如接种疫苗），**accepting preventative care (like vaccinations):** Janet Geipel, Leigh H. Grant, and Boaz Keysar, "Use of a Language Intervention to Reduce Vaccine Hesitancy," *Scientific Reports* 12, no. 1 (2022): 1–6, https://doi.org/10.1038/s41598-021-04249-w/.

31  治疗（如手术），**medical treatments (like surgeries):** Sayuri Hayakawa, Yue Pan, and Viorica Marian, "Using a Foreign Language Changes Medical Judgments of Preventative Care," *Brain Sciences* 11, no. 10 (2021): 1309, https://doi.org/10.3390/brainsci11101309/.

# 第二部分　社会

## 第七章　终极影响者

1　新语的目的，"the purpose of Newspeak": George Orwell, *1984* (London: Secker & Warburg, 1949).

2　"政治语言……是为了"，"political language...is designed": George Orwell, "Politics and the English Language" (London: Horizon, 1946).

3　奥巴马讲话的方式会有所不同，President Barack Obama spoke differently: Nicole Holliday, "'My Presiden (t) and Firs (t) Lady Were Black': Style, Context, and Coronal Stop Deletion in the Speech of Barack and Michelle Obama," *American Speech: A Quarterly of Linguistic Usage* 92, no. 4 (2017): 459–486, https://doi.org/10.1215/00031283-6903954/.

4　"西班牙裔的" + "迎合" 的合成词，hispandering: Benjamin Zimmer and Charles E. Carson, "Among the New Words," *American Speech* 87, no. 4 (Winter 2012): 491–510, https://doi.org/10.1215/00031283-2077633.

5　以西班牙语为目标的政治运动，Spanish-targeted political campaigns: Alejandro Flores and Alexander Coppock, "Do Bilinguals Respond More Favorably to Candidate Advertisements in English or in Spanish?" *Political Communication* 35, no. 4 (2018): 612–633, https://doi.org/10.1080/10584609.2018.1426663/.

6　对一位西英双语白种人候选人的态度调查，survey of Republican voter attitudes: Jessica Lavariega Monforti, Melissa Michelson, and Annie Franco, "Por Quién Votará? Experimental Evidence About Language, Ethnicity, and Vote Choice (Among Republicans)," *Politics, Groups, & Identities* 1, no. 4 (2013): 475–487, https://doi.org/10.1080/21

565503.2013.842491/.

7　**政治文章有西班牙语版本，political articles had Spanish-language versions:** Joshua Darr, Brittany Perry, Johanna Dunaway, and Mingxiao Sui, "Seeing Spanish: The Effects of Language-Based Media Choices on Resentment and Belonging," *Political Communication* 37, no. 4 (2020): 488–511.

8　**广告口号，marketing slogans:** Eric Yorkston and Geeta Menon, "A Sound Idea: Phonetic Effects of Brand Names on Consumer Judgments," *Journal of Consumer Research* 31, no. 1 (2004): 43–51, https://doi.org/10.1086/383422/.

9　**用母语表述更具情感，more emotional in the native language:** Stefano Puntoni, Bart De Langhe, and Stijn Van Osselaer, "Bilingualism and the Emotional Intensity of Advertising Language," *Journal of Consumer Research* 35, no. 6 (2009): 1012–1025, https://doi.org/10.1086/595022/.

10　**导致对该商品的所有权感减弱，weaker feelings of ownership:** Mustafa Karataş, "Making Decisions in Foreign Languages: Weaker Senses of Ownership Attenuate the Endowment Effect," *Journal of Consumer Psychology* 30, no. 2 (2020): 296–303, https://doi.org/10.1002/jcpy.1138/.

11　**对西班牙语和英语产品广告的好感度，Spanish versus English product ads:** Cecilia Alvarez, Paul Miniard, and James Jaccard, "How Hispanic Bilinguals' Cultural Stereotypes Shape Advertising Persuasiveness," *Journal of Business Research* 75 (2017): 29–36, https://doi.org/10.1016/j.jbusres.2017.02.003/.

12　**与家庭有关的广告，ads related to the home:** Ryall Carroll and David Luna, "The Other Meaning of Fluency," *Journal of Advertising* 40, no. 3 (2011): 73–84, https://doi.org/10.2753/JOA0091-3367400306/.

13　**印度的奢侈品广告，ads for luxury goods:** Aradhna Krishna and

Rohini Ahluwalia, "Language Choice in Advertising to Bilinguals: Asymmetric Effects for Multinationals Versus Local Firms," *Journal of Consumer Research* 35, no. 4 (2008): 692–705, https://doi.org/10.1086/592130/.

14 **广告语言的选择，language of ads matters:** Camelia Micu and Robin A. Coulter, "Advertising in English in Nonnative English-Speaking Markets: The Effect of Language and Self-Referencing in Advertising in Romania on Ad Attitudes," *Journal of East-West Business* 16 (2010): 67–84, https://doi.org/10.1080/10669860903558433/.

15 **同样是薯片广告，advertising of potato chips:** Joshua Freedman and Dan Jurafsky, "Authenticity in America: Class Distinctions in Potato Chip Advertising," *Gastronomica* 11, no. 4 (2011): 46–54, https://doi.org/10.1525/gfc.2012.11.4.46/.

16 **食品的广告语言，language of food advertising:** Dan Jurafsky, *The Language of Food: A Linguist Reads the Menu* (New York: W. W. Norton & Company, 2014).

17 **察觉操纵性的语言，detecting manipulative language:** Evelina Leivada, Natalia Mitrofanova, and Marit Westergaard, "Bilinguals Are Better Than Monolinguals in Detecting Manipulative Discourse," *PloS ONE* 16, no. 9 (2021): e0256173, https://doi.org/10.1371/journal.pone.0256173/.

18 **政治言论，political statements:** David Miller, Cecilia Solis-Barroso, and Rodrigo Delgado, "The Foreign Language Effect in Bilingualism: Examining Prosocial Sentiment After Offense Taking," *Applied Psycholinguistics* 42, no. 2 (2021): 395–416, https://doi.org/10.1017/S0142716420000806/.

19 **萧伯纳的《皮格马利翁》，George Bernard Shaw's *Pygmalion*:** George Bernard Shaw, *Pygmalion*, in *Four Plays by Bernard Shaw* (New York: Random House, 1953), 213–319.

20    研究语言变化的社会语言学实验，**sociolinguistic experiments
      that examined language variation:** William Labov, *Sociolinguistic
      Patterns* (Philadelphia: University of Pennsylvania Press, 1972).

21    玛莎葡萄园研究，**Martha's Vineyard study:** William Labov, "The
      Social Motivation of a Sound Change," *Word* 19, no. 3 (1963): 273–309,
      https://doi.org/10.1080/00437956.1963.11659799/.

22    关于她的祖先本杰明·班纳克的书，**book about her ancestor
      Benjamin Banneker:** Rachel Webster, *Benjamin Banneker and Us:
      Eleven Generations of an American Family* (New York: Henry Holt,
      2023).

23    其他广泛使用的语言，**other widely spoken languages:** "The Most
      Spoken Languages in America," *WorldAtlas*, https://www.worldatlas.
      com/articles/the-most-spoken-languages-in-america.html.

## 第八章　文字之变

1     "听到蓝松鸦鸣叫"，**"you hear a blue jay":** Robin Kimmerer,
      "Speaking of Nature," *Orion Magazine*, June 12, 2017, https://
      orionmagazine.org/article/speaking-of-nature/.

2     对事物进行分类的方法十分有趣，**divide things into categories
      in interesting ways:** George Lakoff, *Women, Fire, and Dangerous
      Things* (Chicago: University of Chicago Press, 1987).

3     德英双语者对钥匙的描述，**German-English bilinguals described
      a key:** Boroditsky, Schmidt, and Phillips, "Sex, Syntax, and Semantics,"
      in *Language in Mind: Advances in the Study of Language and
      Thought*, eds. Dedre Gentner and Susan Goldin-Meadow (Cambridge,
      MA: MIT Press, 2003), 61–79.

4     关于语法性别的实验，**experiment on grammatical gender:** Lera

Boroditsky, Lauren A. Schmidt, and Webb Phillips, "Sex, Syntax, and Semantics," 61–79.

5 **性别效应迅速显现，gender effects emerged quickly:** Webb Phillips and Lera Boroditsky, "Can Quirks of Grammar Affect the Way You Think? Grammatical Gender and Object Concepts," *Proceedings of the Annual Meeting of the Cognitive Science Society* 25, no. 25 (2003): 928–933.

6 **评估和干预资源，assessment and intervention resources:** 2 Languages 2 Worlds, "2 Languages 2 Worlds," accessed February 18, 2022, http://2languages2worlds.wordpress.com.

7 **26%的学龄儿童，26 percent of school-age children:** United States Census Bureau, "Language Use," accessed February 18, 2022, https://www.census.gov/topics/population/language-use.html/.

8 **双语教育在政治上的话题，bilingual education continues:** National Association for Bilingual Education, "Welcome to the National Association for Bilingual Education," accessed February 18, 2022, https://nabe.org/.

9 **这一问题上的纷争，argue against bilingual education:** Richard Rodriguez, *Hunger of Memory: The Education of Richard Rodriguez* (New York: Bantam, 2004).

10 **将双语教育比作冰山模型，Iceberg Model of bilingual education:** Jim Cummins, *Bilingualism and Special Education: Issues in Assessment and Pedagogy* (Clevedon, UK: Multilingual Matters, 1984).

11 **学业成绩上存在差异，differences in the academic achievement:** John U. Ogbu, "Variability in Minority Responses to Schooling: Nonimmigrants vs. Immigrants," in *Interpretive Ethnography of Education: At Home and Abroad*, ed. Louise Spindler (Hillsdale, NJ: L. Erlbaum, 1987), 255–278.

## 第九章　翻译的发现

1　**1933年的一项研究，a 1933 study:** Shigeto Tsuru and Horace Fries, "A Problem in Meaning," *Journal of General Psychology* 8 (1933): 281–284, https://doi.org/10.1080/00221309.1933.9713186/.

2　**45对反义词的含义与它们的英语翻译相匹配，match the meanings of forty-five antonym pairs:** Sayuri Hayakawa and Viorica Marian, "Sound Symbolism in Language and the Mind," submitted for peer review, 2022.

3　**《柏拉图对话录》中苏格拉底的言辞，Socrates described in Plato's dialogues:** Plato, *The Dialogues of Plato* (New York: Bantam Classics, 1986).

4　**对声音和符号的关系判断都是基于声音的声学线索，sound-symbol judgments on the acoustic cues:** Klemens Knoeferle, Jixing Li, Emanuela Maggioni, and Charles Spence, "What Drives Sound Symbolism? Different Acoustic Cues Underlie Sound-Size and Sound-Shape Mappings," *Scientific Reports* 7, no. 1 (2017): 1–11, https://doi.org/10.1038/s41598-017-05965-y/.

5　**"白日的梦者"，"those who dreams by day":** Edgar Allan Poe, *The Fall of the House of Usher: And Other Tales* (New York: Signet Classics, 2006).

6　**四腿字母"m"，four-legged version of the letter m:** "Tag Archives: Aram Saroyan," *Brief Poems*, accessed June 1, 2022, https://briefpoems.wordpress.com/tag/aram-saroyan.

7　**"一个字母诞生的特写"，"closeup of a letter being born":** Bob Grumman, "MNMLST POETRY," Light and Dust Mobile Anthology of Poetry, 1997, https://www.thing.net/~grist/l&d/grumman/egrumn.htm.

8　**《最短最甜的歌》，*The Shortest and Sweetest of Songs*:** Joseph Johnson, *George MacDonald: A Biographical and Critical Appreciation*

(London: Sir Isaac Pitman & Sons, Ltd., 1906).

9　**"All mimsy were the borogoves……":** Lewis Carroll, *Through the Looking-Glass* (London: Macmillan, 1872).

10　**一首绝句，a four-line Chinese poem:** Eliot Weinberger, *Nineteen Ways of Looking at Wang Wei* (New York: New Directions, 2016).

11　**尼采《查拉图斯特拉如是说》，Nietzsche's *Zarathustra*:** Friedrich Wilhelm Nietzsche, *Thus Spoke Zarathustra: A Book for All and None*, trans. Walter Arnold Kaufmann (New York: Penguin Books, 1978).

12　**世界上最杰出的语言学习者，world's most extraordinary language learners:** Michael Erard, *Babel No More: The Search for the World's Most Extraordinary Language Learners* (New York: Simon & Schuster, 2012).

13　**称为"Gavagai"的思想实验，the Gavagai thought experiment:** Willard van Orman Quine, "Two Dogmas of Empiricism," *in Challenges to Empiricism*, ed. Harold Morick (Indianapolis: Hackett Publishing, 1980), 46-69.

14　**情感和策略相互作用，affect and strategy interact:** Sayuri Hayakawa, James Bartolotti, and Viorica Marian, "Native Language Similarity During Foreign Language Learning: Effects of Cognitive Strategies and Affective States," *Applied Linguistics* 42, no. 3 (2021): 514–540, https://doi.org/10.1093/applin/amaa042/.

15　**双语者比单语者更善于学习，easier for bilinguals than monolinguals to learn:** James Bartolotti, Viorica Marian, Scott R. Schroeder, and Anthony Shook, "Bilingualism and Inhibitory Control Influence Statistical Learning of Novel Word Forms," *Frontiers in Psychology* 2 (2011), https://doi.org/10.3389/fpsyg.2011.00324/.

16　**更快、更好地学习新语言，learn new languages faster and better:** Margarita Kaushanskaya and Viorica Marian, "The Bilingual Advantage in Novel Word Learning," *Psychonomic Bulletin & Review*

16, no. 4 (2009): 705–710, https://doi.org/10.3758/PBR.16.4.705/.

17 **双语者的抑制性控制实践，bilinguals' practice with inhibitory control:** Margarita Kaushanskaya and Viorica Marian, "Bilingualism Reduces Native-Language Interference During Novel-Word Learning," *Journal of Experimental Psychology: Learning, Memory, and Cognition* 35, no. 3 (2009): 829–835, https://doi.org/10.1037/a0015275/.

18 **通过鼠标追踪实验，Using mouse tracking:** James Bartolotti and Viorica Marian, "Language Learning and Control in Monolinguals and Bilinguals," *Cognitive Science* 36, no. 6 (2012): 1129-1147, https://doi.org/10.1111/j.1551-6709.2012.01243.x/.

19 **共用大写字母的维恩图，Venn diagram showing the uppercase letters:** Wikipedia, "Venn Diagram," last modified January 5, 2022, https://en.wikipedia.org/wiki/Venn_diagram/.

20 **从认知上管理所有语言之间的竞争却也变得越来越困难，increasingly more demanding to cognitively manage:** Narges Radman, Lea Jost, Setareh Dorood, Christian Mancini, and Jean-Marie Annoni, "Language Distance Modulates Cognitive Control in Bilinguals," *Scientific Reports* 11, no. 24131 (2021), https://doi.org/10.1038/s41598-021-02973-x/.

# 第十章　思维的密码

1 **计算机进行的对话，computers engage in conversations:** Nico Grant and Cade Metz, "Google Sidelines Engineer Who Claims Its A.I. Is Sentient," *New York Times*, June 12, 2022, https://www.nytimes.com/2022/06/12/technology/google-chatbot-ai-blake-lemoine.html.

2 **苏美尔语楔形文字，cuneiform wedge-shaped characters:** Saad D. Abulhab, "Cuneiform and the Rise of Early Alphabets in

the Greater Arabian Peninsula: A Visual Investigation" (New York: CUNY Academic Works, 2018), https://academicworks.cuny.edu/cgi/viewcontent.cgi?article=1257& context=jj_pubs/.

3  列夫·托尔斯泰在1936年写道，**Leo Tolstoy wrote in 1936:** Leo N. Tolstoy, *Polnoe Sobranie Sochinenii* (Complete Collected Works), vol. 8 (Moscow: Jubilee, 1936), 70.

4  儿童发明单词，**children spontaneously inventing words:** Kornei Chukovsky, *From Two to Five* (Berkeley: University of California Press, 1963).

5  "黑客的霍格沃茨"，**"Hogwarts for Hackers":** Klint Finley, "Hogwarts for Hackers: Inside the Science and Tech School of Tomorrow," *WIRED*, May 31, 2013, https://www.wired.com/2013/05/hogwarts-for-hackers/.

6  克林贡语语音映射到符号，**map Klingon sounds to symbols:** Csilla Kiss and Marianne Nikolov, "Developing, Piloting, and Validating an Instrument to Measure Young Learners' Aptitude," *Language Learning* 55, no. 1 (2005): 99–150, https://doi.org/10.1111/j.0023-8333.2005.00291.x/.

7  Wug测试，**The Wug Test:** Jean Berko, "The Child's Learning of English Morphology," Word 14, no. 2–3 (1958): 150–177, https://doi.org/10.1080/00437956.1958.11659661/.

8  莫尔斯码，**Morse code:** James Bartolotti, Viorica Marian, Scott R. Schroeder, and Anthony Shook, "Statistical Learning of a Morse Code Language Is Improved by Bilingualism and Inhibitory Ability," *Proceedings of the Annual Meeting of the Cognitive Science Society* 33 (2011): 885–890.

9  叫作Colbertian的微型人工语言，**mini artificial language called Colbertian:** James Bartolotti and Viorica Marian, "Language Learning and Control in Monolinguals and Bilinguals," *Cognitive Science* 36, no. 6

(2012): 1129–1147, https://doi.org/10.1111/j.1551-6709.2012.01243.x.

10　将个体蜜蜂训练出"大于"或"小于"的数字概念，**individual honeybees were trained to the numerical concepts:** Scarlett R. Howard, Aurore Avarguès-Weber, Jair E. Garcia, Andrew D. Greentree, and Adrian G. Dyer, "Numerical Ordering of Zero in Honey Bees," *Science* 360, no. 6393 (2018): 1124–1126, https://doi.org/10.1126/science. aar4975.

11　蜜蜂的非凡能力，**abilities of bees:** Karl Von Frisch, *Bees: Their Vision, Chemical Senses, and Language* (Ithaca, NY: Cornell University Press, 2014).

12　诺贝尔生理学或医学奖，**Nobel Prize in Physiology or Medicine:** Peter Marler and Donald Griffin, "The 1973 Nobel Prize for Physiology or Medicine," *Science* 182, no. 4111 (1973): 464–466, doi:10.1126/science.182.4111.464/.

13　南美泡蟾的交配竞赛，**mating competitions of túngara frogs:** Gary J. Rose, "The Numerical Abilities of Anurans and Their Neural Correlates: Insights from Neuroethological Studies of Acoustic Communication," *Philosophical Transactions of the Royal Society B: Biological Sciences* 373, no. 1740 (2018): 20160512, https://doi.org/10.1098/rstb.2016.0512.

14　一个人能记住多少位数，**how many digits one can remember:** Stanislas Dehaene, *The Number Sense: How the Mind Creates Mathematics* (New York: Oxford University Press, 2011).

15　语言中数字词较长的人需要更长的时间来完成心算题，**longer words for numbers take longer:** Nick Ellis, "Linguistic Relativity Revisited: The Bilingual Word-Length Effect in Working Memory During Counting, Remembering Numbers, and Mental Calculation," in *Cognitive Processing in Bilinguals*, ed. R. J. Harris (Amsterdam: North-Holland, 1992), 137–155.

16 **数学被证明是一个很特殊的例子，math proves to be a special case:** Stanislas Dehaene, Elizabeth Spelke, Philippe Pinel, Ruxanda Stanescu, and Sanna Tsivkin, "Sources of Mathematical Thinking: Behavioral and Brain-Imaging Evidence," *Science* 284, issue 5416 (1999): 970-974. OI: 10.1126/ science.284.5416.970.

17 **基本算术等简单的数学任务，math tasks like basic arithmetic:** Elena Salillas and Nicole Y. Y. Wicha, "Early Learning Shapes the Memory Network for Arithmetic: Evidence from Brain Potentials in Bilinguals," *Psychological Science* 23, no. 7 (2012): 745–755, https://doi.org/10.1177/0956797612446347.

18 **双语大脑的基底神经节反应更大，bilingual brains responded more to new math problems:** Andrea Stocco and Chantel S. Prat, "Bilingualism Trains Specific Brain Circuits Involved in Flexible Rule Selection and Application," *Brain and Language* 137 (2014): 50–61, https://doi.org/10.1016/j.bandl.2014.07.005/.

19 **数学专家大脑网络，brain networks of expert mathematicians:** Marie Amalric and Stanislas Dehaene, "Origins of the Brain Networks for Advanced Mathematics in Expert Mathematicians," *Proceedings of the National Academy of Sciences* 113, no. 18 (2016): 4909–4917, https://doi.org/10.1073/pnas.1603205113/.

20 **排列组合问题，permutation problems:** "Permutation," Wikipedia, last modified March 20, 2022, https://en.wikipedia.org/wiki/Permutation/.

## 第十一章　科技的未来

1 **幼蝙蝠发出的咿呀声，babbling of baby bats:** Ahana A. Fernandez, Lara S. Burchardt, Martina Nagy, and Mirjam Knörnschild, "Babbling

in a Vocal Learning Bat Resembles Human Infant Babbling," *Science* 373, no. 6557 (2021): 923–926, https://www.science.org/doi/10.1126/science.abf9279.

2　**蚂蚁会与外来蚂蚁交流，ants communicate with their guests:** Bert Hölldobler, "Communication Between Ants and Their Guests," *Scientific American* 224 (1971): 86–95, doi:10.1038/scientificamerican0371-86/.

3　**它们所用的语言可以被分析出来，their language can be analyzed:** Zhanna Reznikova and Boris Ryabko, "Analysis of the Language of Ants by Information-Theoretical Methods," *Problemy Peredachi Informatsii* 22, no. 3 (1986): 103–108.

4　**蘑菇可以使用多达50种不同的电脉冲，mushrooms can use up to fifty different:** Andrew Adamatzky, "Language of Fungi Derived from Their Electrical Spiking Activity," *Royal Society Open Science*, April 6, 2022, https://doi.org/10.1098/rsos.211926/.

5　**"蘑菇通讯员"，"champignon" communicators:** Linda Geddes, "Mushrooms Communicate with Each Other Using up to 50 'Words,' Scientist Claims," *The Guardian*, April 6, 2022.

6　**族群语言很快变得不那么稳定，dialects quickly became less stable:** Alison J. Barker Grigorii Veviurko, Nigel C. Bennett, Daniel W. Hart, Lina Mograby, and Gary R. Lewin, "Cultural Transmission of Vocal Dialect in the Naked Mole-Rat," *Science* 371, no. 6528 (2021): 503–507, https://doi.org/10.1126/science.abc6588.

7　**最先进的脑机接口，cutting-edge brain-computer interfaces:** Jihun Lee, Vincent Leung, Ah-Hyoung Lee, Jiannan Huang, Peter Asbeck, Patrick P. Mercier, Stephen Shellhammer, Lawrence Larson, Farah Laiwalla, and Arto Nurmikko, "Neural Recording and Stimulation Using Wireless Networks of Microimplants," *Nature Electronics* 4, no. 8 (2021): 604–614, https://doi.org/10.1038/s41928-021-00631-8/.

8    神经粒子是散布在大脑各处的微小芯片，neurograins are tiny
     microchips: Emily Mullin, "'Neurograins' Could Be the Next Brain-
     Computer Interfaces," *WIRED*, September 13, 2021, https://www.
     wired.com/story/neurograins-could-be-the-next-brain-computer-
     interfaces/?mod=djemfoe/.

9    收集一个人的神经活动，并使用技术将其翻译，garner one's
     neural activity and use technology: Steven Gulie, "A Shock to the
     System," *WIRED*, March 1, 2007, https://www.wired.com/2007/03/
     brainsurgery.

10   帮助那些丧失沟通能力或生来就没有沟通能力的人，help people
     who have lost the ability to communicate: Francis R. Willett,
     Donald T. Avansino, Leigh R. Hochberg, Jaimie M. Henderson, and
     Krishna V. Shenoy, "High-Performance Brain-to-Text Communication
     Via Handwriting," *Nature* 593, no. 7858 (2021): 249–254, https://doi.
     org/10.1038/s41586-021-03506-2.

11   已经完成了概念验证，proof-of-concept options already
     available: Arielle Pardes, "Elon Musk Is About to Show Off His
     Neuralink Brain Implant," *WIRED*, August 28, 2020, https://www.
     wired.com/story/elon-musk-neuralink-brain-implant-v2-demo.

12   "生命中最可悲的就是……"，"the saddest aspect of life": Isaac
     Asimov and Jason Shulman, eds., *Isaac Asimov's Book of Science and
     Nature Quotations* (London: Weidenfeld & Nicolson, 1988).

13   "有两样东西让人的心灵……"，"two things fill the mind":
     Immanuel Kant, *Critique of Practical Reason, trans. Lewis White Beck*
     (London: Liberal Arts Press, 1985).

14   "科学不仅……"，"science is not only": Carl Sagan, *The Demon-
     Haunted World: Science as a Candle in the Dark* (New York: Random
     House, 2011).

15   回报数字甚至高达20美元，$20 in social benefits per $1:

Benjamin F. Jones and Lawrence H. Summers, "A Calculation of the Social Returns to Innovation," in *Innovation and Public Policy*, eds. Austan Goolsbee and Benjamin F. Jones (Chicago: University of Chicago Press, 2020).

16  **中国的研发投资，investment in research and development:** Benjamin F. Jones, "Science and Innovation: The Under-Fueled Engine of Prosperity," in *Rebuilding the Post-Pandemic Economy*, eds. Melissa S. Kearney and Amy Ganz (Washington, DC: Aspen Institute Press, 2021).

17  **由移民创办的公司所雇佣的总人数，immigrant-founded firms employ more people:** Jones, "The Under-Fueled Engine of Prosperity."

18  **"阶层问题"互动网站，"Class Matters" interactive:** David Leonhardt, "A Closer Look at Income Mobility," *New York Times*, May 14, 2005, https://www.nytimes.com/2005/05/14/national/class/a-closer-look-at-income-mobility.html.

19  **"语言哲学的研究"，"the history of research":** Umberto Eco, *Kant and the Platypus: Essays on Language and Cognition*, trans. Alastair McEwan (New York: Harcourt Brace, 2000).

20  **根据作者背景决定引用对象的不平衡现象，imbalances in who gets cited:** Jordan D. Dworkin Kristin A. Linn, Erin G. Teich, Perry Zurn, Russell T. Shinohara, and Danielle S. Bassett, "The Extent and Drivers of Gender Imbalance in Neuroscience Reference Lists," *Nature Neuroscience* 23, no. 8 (2020): 918–926, https://doi.org/10.1038/s41593-020-0658-y/.

21  **瑞士十分之一的GDP，one-tenth of Swiss GDP:** Simon Bradley, "Languages Generate One Tenth of Swiss GDP," Swissinfo.ch, November 20, 2008, https://www.swissinfo.ch/eng/languages-generate-one-tenth-of-swiss-gdp/7050488/.

22  **欧盟委员会报告称11%的欧洲中小企业，European Commission**

**reported that 11 percent:** The European Commission "ELAN: Effects on the European Economy of Shortages of Foreign Languages Skills in Enterprise," *CILT, the National Centre for Languages* (2006), https://ec.europa.eu/assets/eac/languages/policy/strategic-framework/documents/elan_en.pdf.

23　**英国每年的经济损失约为 500 亿英镑，U.K. economy is losing approximately £50 billion a year:** James Foreman-Peck and Yi Wang, "The Costs to the UK of Language Deficiencies as a Barrier to UK Engagement in Exporting," *UK Trade and Investment*, May 9, 2014, https://www.gov.uk/government/publications/the-costs-to-the-uk-of-language-deficiencies-as-a-barrier-to-uk-engagement-in-exporting.

24　**培训多语劳动力，training a multilingual workforce:** Judith F. Kroll and Paola E. Dussias, "The Benefits of Multilingualism to the Personal and Professional Development of Residents of the US," *Foreign Language Annals* 50, no. 2 (2017): 248–259, https://doi.org/10.1111/flan.12271/.

25　**耳声发射研究，study of otoacoustic emissions:** Viorica Marian, Tuan Q. Lam, Sayuri Hayakawa, and Sumitrajit Dhar, "Spontaneous Otoacoustic Emissions Reveal an Efficient Auditory Efferent Network," *Journal of Speech, Language, and Hearing Research* 61, no. 11 (2018): 2827–2832, https://doi.org/10.1044/2018_JSLHR-H-18-0025/.

26　**有双语经验的人耳声发射的变化更大，bilingual experience had larger changes:** Viorica Marian, Tuan Q. Lam, Sayuri Hayakawa, and Sumitrajit Dhar, "Top-Down Cognitive and Linguistic Influences on the Suppression of Spontaneous Otoacoustic Emissions," *Frontiers in Neuroscience* 12, no. 378 (2018), https://doi.org/10.3389/fnins.2018.00378/.

27　**隐藏的调节因素，hidden moderator driving findings:** Krista Byers-Heinlein, Alena G. Esposito, Adam Winsler, Viorica Marian,

Dina C. Castro, Gigi Luk, Benjamin Brown, and Jasmine DeJesus, "The Case for Measuring and Reporting Bilingualism in Developmental Research," *Collabra: Psychology* 5, no. 1 (2019), http://doi.org/10.1525/collabra.233/.

28  **层次结构、生成性、递归性，hierarchical structure, generativeness, recursion:** Marc D. Hauser, Noam Chomsky, and W. Tecumseh Fitch, "The Faculty of Language: What Is It, Who Has It, and How Did It Evolve?" *Science* 298, no. 5598 (2002): 1569–1579, https://doi.org/10.1126/science.298.5598.1569/.

## 轻松愉快的尾声

1  **几十年来没有说过的语言，language not spoken for decades:** Ludmila Isurin and Christy Seidel, "Traces of Memory for a Lost Childhood Language: The Savings Paradigm Expanded," *Language Learning* 65, no. 4 (2015): 761–790, https://doi.org/10.1111/lang.12133/.

2  **七种类型的智力，seven types of intelligence:** Howard Gardner, *Frames of Mind: The Theory of Multiple Intelligences* (New York: Basic Books, 1983).

3  **自然主义智能，later, naturalistic intelligence:** Howard Gardner, *Intelligence Reframed: Multiple Intelligences for the 21st Century* (New York: Basic Books, 1999).

4  **智力是……的个人价值，interpret intelligence as one's worth:** Richard J. Hernnstein and Charles Murray, *The Bell Curve* (New York: Free Press, 1994).

5  **每年多挣近7000美元，$7,000 more per year:** Christopher Davis, "In Florida, It Pays to Be Bilingual, University of Florida Study Finds," University of Florida, January 31, 2000, https://news.ufl.edu/

archive/2000/01/in-florida-it-pays-to-be-bilingual-university-of-florida-study-finds.html/.

6　一项针对 669 498 人的大规模分析，large-scale analysis of 669 498 people: Joshua K. Hartshorne, Joshua B. Tenenbaum, and Steven Pinker, "A Critical Period for Second Language Acquisition: Evidence from 2/3 Million English Speakers," *Cognition* 177 (2018): 263–277, https://doi.org/10.1016/j.cognition.2018.04.007/.

7　没有发现临界年龄总存在的证据，no evidence for a critical age: Frans van der Slik, Job Schepens, Theo Bongaerts, and Roeland van Hout, "Critical Period Claim Revisited: Reanalysis of Hartshorne, Tenenbaum, and Pinker (2018) Suggests Steady Decline and Learner-Type Differences," *Language Learning* 72, no. 1 (2021): 87–112, https://doi.org/10.1111/lang.12470/.

8　根据美国国务院提供的外语培训数据，data from the U.S. Department of State: U.S. Department of State, "Foreign Language Training," accessed June 22, 2022, https://www.state.gov/foreign-language-training/.

9　仅仅几个月沉浸于另一种语言中的经历，a few months of experience immersed: Andrea Takahesu Tabori, Dennis Wu, and Judith F. Kroll, "Second Language Immersion Suppresses the Native Language: Evidence from Learners Studying Abroad," *Proceedings of the International Symposium on Bilingualism* (2019): 90.

10　参加西班牙语入门课程仅 6 个月，six months of taking an Introduction to Spanish: Margot D. Sullivan, Monika Janus, Sylvain Moreno, Lori Astheimer, and Ellen Bialystok, "Early Stage Second-Language Learning Improves Executive Control: Evidence from ERP," *Brain and Language* 139 (2014): 84–98, https://doi.org/10.1016/j.bandl.2014.10.004/.

11　为期一周的盖尔语强化课程，intensive one-week Gaelic course:

Thomas H. Bak, Madeleine R. Long, Mariana Vega-Mendoza, and Antonella Sorace, "Novelty, Challenge, and Practice: The Impact of Intensive Language Learning on Attentional Functions," *PloS ONE* 11, no. 4 (2016): e0153485, https://doi.org/10.1371/journal.pone.0153485/.

12  瑞典武装部队翻译学院的新兵，**interpreter Academy recruits:** Johan Mårtensson, Johan Eriksson, Nils Christian Bodammer, Magnus Lindgren, Mikael Johansson, Lars Nyberg, and Martin Lövdén, "Growth of Language-Related Brain Areas After Foreign Language Learning," *NeuroImage* 63, no. 1 (2012): 240–244, https://doi.org/10.1016/j.neuroimage.2012.06.043/.

13  通过智能手机应用程序学习语言，**language learning through smartphone apps:** Jed A. Meltzer, Mira Kates Rose, Anna Y. Le, Kiah A. Spencer, Leora Goldstein, Alina Gubanova, Abbie C. Lai, Maryam Yossofzai, Sabrina E. M. Armstrong, and Ellen Bialystok, "Improvement in Executive Function for Older Adults Through Smartphone Apps: A Randomized Clinical Trial Comparing Language Learning and Brain Training," *Aging, Neuropsychology, and Cognition* (2021): 1–22, https://doi.org/10.1080/13825585.2021.1991262/.

14  双语或多语能力，**ability to speak two or more languages:** Viorica Marian and Anthony Shook, "The Cognitive Benefits of Being Bilingual," *Cerebrum*, October 31, 2012, https://dana.org/article/the-cognitive-benefits-of-being-bilingual.

15  带来的认知和社会效益，**cognitive and social benefits that come with it:** Samantha P. Fan, Zoe Liberman, Boaz Keysar, and Katherine D. Kinzler, "The Exposure Advantage: Early Exposure to a Multilingual Environment Promotes Effective Communication," *Psychological Science* 26, no. 7 (2015): 1090–1097, https://doi.org/10.1177/0956797615574699/.

# 图表附录

---

1 拼字游戏，**boggle board:** Hasbro, Inc.

2 在家说英语之外语言的家庭在美国各州所占比例，**U.S. households speaking a language other than English:** Dr. Ashley Chung-Fat-Yim and Dr. Viorica Marian, based on the American Community Survey, "Language Spoken at Home (S1601)," by the United States Census Bureau, 2018, https://data.census.gov/cedsci/table?q=language&tid=ACSST5Y2020.S1601.

3 俄语与英语的协同激活，**co-activation across Russian and English:** Dr. Ashley Chung-Fat-Yim.

4 同种语言竞争与跨语言竞争，**within-language and between-language competition:** Matias Fernandez-Duque.

5 单词 "pot" 激活的一系列单词，**association diagram of the word POT:** Dr. Viorica Marian and Dr. Ashley Chung-Fat-Yim.

6 美式手语实验图示，**illustration of an American Sign Language experiment:** Dr. Ashley Chung-Fat-Yim.

7 搜寻 "苍蝇" （fly）的视觉任务，**visual search task for a fly:** Dr. Ashley Chung-Fat-Yim.

8 两个物体的意义相关性实验，**experiment on connection in**

**meaning between two objects:** Siqi Ning.

9　**用来识别的图像，ambiguous figures:** Dr. Ellen Bialystok.

10　**图像识别任务测试结果，results from ambiguous figures task:** Dr. Ellen Bialystok.

11　**fMRI扫描仪检测，testing with fMRI scanner:** Dr. Viorica Marian.

12　**Flanker任务的"鱼"版本，version of the Flanker task with fish:** Siqi Ning.

13　**Flanker任务响应时间图，response times graph for the Flanker task:** Dr. Ashley Chung-Fat-Yim based on data from Yang, Yang, and Lust, "Early Childhood Bilingualism Leads to Advances in Executive Attention: Dissociating Culture and Language," *Bilingualism: Language and Cognition* 14, no. 3 (2011): 412–422, https://doi.org/10.1017/S1366728910000611.

14　**欧洲学习三种及以上语言的学生比例，students learning three or more languages in Europe:** Dr. Ashley Chung-Fat-Yim and Dr. Viorica Marian, based on "Pupils by Education Level and Number of Foreign Languages Studied," Eurostat, 2019, https://ec.europa.eu/eurostat/databrowser/view/EDUC_UOE_LANG02__custom_1291971/bookmark/table?lang=en&bookmarkId=cd6aa898-24d5-476c-92d6-3e14047c93c8.

15　**"bouba"和"kiki"，bouba and kiki:** Wolfgang Köhler.

16　**四腿"m"诗，four-legged "m" poem:** Aram Saroyan, Complete Minimal Poems (Brooklyn: Ugly Duckling Presse, 2014).

17　**显示希腊文、拉丁文和西里尔文中共用大写字母的维恩图，Venn diagram showing uppercase letters shared by Greek, Latin, and Cyrillic alphabets:** Tilman Piesk.

18　**三枚戒指，three rings:** Dr. Viorica Marian.